财富密码

怎样走上财务自由之路

黄祯祥 ⊙ 著

中国纺织出版社

内容提要

什么是真正的财富?永恒的财富在何处?丰盛的财富通常跟随对大众有贡献的领袖,所以要拥有真正永恒的财富,一定要成为有卓越贡献的领导人。真正明智的领导力是要能够提升个人愿景到更高的境界,能够提升个人绩效到更高的层次,能够锻炼一个人的性格使其更刚强,让他能超越原来的限制,并引导他可以去影响另一个生命。

图书在版编目(CIP)数据

财富密码:怎样走上财务自由之路 / 黄祯祥著. —北京:中国纺织出版社,2018.12
ISBN 978-7-5180-5125-0

Ⅰ.①财… Ⅱ.①黄… Ⅲ.①私人投资—通俗读物 Ⅳ.①F830.59-49

中国版本图书馆CIP数据核字(2018)第120168号

策划编辑:郝珊珊　　责任印制:储志伟

中国纺织出版社出版发行
地址:北京市朝阳区百子湾东里A407号楼　邮政编码:100124
销售电话:010—67004422　传真:010—87155801
http://www.c-textilep.com
E-mail: faxing@c-textilep.com
中国纺织出版社天猫旗舰店
官方微博http://weibo.com/2119887771
北京通天印刷有限责任公司印刷　各地新华书店经销
2018年12月第1版第1次印刷
开本:710×1000　1/16　印张:15
字数:166千字　定价:48.00元

凡购本书,如有缺页、倒页、脱页,由本社图书营销中心调换

自 序

"海盗来了！海盗来了！怎么办？！"

门外传来的呐喊声，翻天覆地，此起彼落，震耳欲聋，看来情况不太妙。

这艘商船的商旅们、船员们惊慌失措地跑到甲板上东张西望，远方一艘巨大的黑色海盗船，正以惊人的速度朝这艘商船驶来，主桅挂着黑白色的骷髅旗帜。看来那是加勒比海最凶恶的海贼团——黑珍珠海盗团（Black Pearl）。传说他们烧杀掳掠，无恶不作，而且规模庞大，此时遇到的，仅只是黑珍珠海盗团中的一艘。

可是，该怎么办？几乎船上所有人的心中都涌上极大的恐惧。看来这艘单纯的商船，并没有太多能对抗海盗的人力和能耐。

船边忽然传来"扑通""扑通"的落海声，令现场更加混乱。看来有人因为害怕海盗，宁愿跳海逃亡也不愿留在商船上。

只是在商船的某一个角落，有几名船员和商旅并没有被这样惊慌的气氛所影响，反而看起来有些莫名的兴奋。这些摩拳擦掌的商旅们穿着朴素，气质特别。

这群人自称"旅行家"。他们向这艘商船买了较便宜的船票，随身带着轻便的行李，到处航海旅行。他们之中有一名红发的男子杰克特别喜爱独自下棋，此时海盗来袭，他也依旧坐在棋盘前，气定神闲。再仔细一看，就还会发现杰克嘴角露出一抹微笑。

"兄弟们，升旗吧。"红发杰克说。

其中一人应了声，从行李中掏出一面很有质感的红旗，往空中一抛，右手一扬，一枚匕首穿过红旗角落的铁圈，带着红旗，一路射到商船上，扎扎实实地钉在商船的主桅上。

海风一吹，红旗随风飘扬，原来那竟然是一张红白色的海盗旗！黑珍珠海盗船已经近在咫尺，可以看到那群海盗凶神恶煞满嘴狞笑，双手甩着勾绳，准备登船行劫。就在此时，红发杰克忽然移动一颗棋子，说了声："将军！"黑珍珠海盗船的船底发出轰隆巨响，整艘船剧烈震动，火光、硝烟与木片四溅飞射。

原来之前"跳海逃生"的人，其实是红发杰克的伙伴。他们预先潜入水中，在敌方的船底安上了炸弹。

两拨海盗开始交战——显然，红发杰克因为炸掉了敌方的船底，而占了上风，黑珍珠海盗还来不及反应，船已倾斜下沉——交战胜负已分。

此时，商船船长才敢大着胆子向红发杰克询问："请问，你们也是海盗吗？为什么要帮助我们呢？"

红发杰克笑着反问："我们也算是海盗吗？帮助人需要理由吗？"他把目光移向战场，接着说："我们是一群真正享受自由的人。我们希望能让更多人自由自在地航海旅行。"

在古代的加勒比海，有两种海盗：一种是打家劫舍的黑珍珠海盗，另一种是追求自由、热爱冒险的红发杰克航海王。

在现代的"商场海洋"上，也有两种商人：一种是重视自我、利益至上的商人，一种是聚焦于创造顾客价值、对社会有所贡献的商人。

古代加勒比海上，那些追求自由、热爱冒险的"红"海盗，其实在某种意义上,不该称为海贼。他们只是一群热爱欢笑、享受生命的大海战士——航海王。

现代商海上那些聚焦于创造顾客价值、对社会有所贡献的商人,其实也可以不被称为商人。他们只是一群希望能让更多人提升脑袋知识、增加口袋收入、享受丰盛富饶人生的"真理梦想旅行家"——在人生的伟大航道上畅游与旅行,仗义执言,传播福音,教人喜乐平安。

在伟大的航道上冒险的海贼们,有一个共同的航海王。那就是 *One Piece* 的拥有者—哥尔·D.罗杰。这些在商海中悠游自在的"正义海贼"们,也有共同的航海王。

——那就是富勒博士与彼得·德鲁克。

升起你红色的"海盗旗"!

有一天,你会来我们的"魔法商学院"

认识我们的 Biz and You/BBU.

我们会一起升起帆,扬起旗

航向伟大的航道,你会高呼"升起你的海盗旗"

然后你会找到一群热爱真理自由商道的好伙伴

一起获得你人生中"真正的 One Piece"宝藏

我是 Aaron 祯祥,接下来要带领你们的航海士

目 录

| 第一章 | 你是谁 | 001 |

| 第二章 | 正直 | 011 |

| 第三章 | 贡献与服务 | 023 |

　　穷人、商人、富人与明智的亿万富翁 …… 027
　　核心价值与致富计划 …… 033

| 第四章 | 问对问题 | 037 |

　　一个伟大的使命 …… 042

| 第五章 | 创造优势领域 | 047 |

　　成功事业的第一个条件：热情 …… 052

成功事业的第二个条件：强项 ·· 057

成功事业的第三个条件：经济效益 ··· 063

收入的多重来源：新知识经济时代来临 ··································· 065

如何打造多重现金流 ··· 075

睡觉时会有收入吗 ·· 077

独一无二的成功事业 ··· 079

创新的七个来源 ··· 082

左右自己的命运 ··· 087

第六章 ▶ 投资自己 ·· **089**

成为内外兼修的武林高手 ··· 093

第七章 ▶ 成功的五把钥匙 ·· **097**

好产品（好服务）·· 099

好营销 ··· 101

好伙伴 ··· 103

好教练 ··· 105

好配偶 ··· 108

第八章 ▶ 把梦做大 ·· **111**

梦想管理列表 ·· 118

怀疑与碰到困难的时候怎么办 ·· 122

可视化梦想 ··· 125

专注的力量 ··· 128

　　　　　　拥有伟大的梦想 ·· 132

第九章 ▶ **销售是致富的最有效方法** ································ **143**

　　　　　　完全销售 ·· 147
　　　　　　朴实的销售 ·· 151
　　　　　　如果没有钱的未来 ·· 152

第十章 ▶ **是什么阻止了你成功** ·· **159**

　　　　　　驱动力来自痛苦与快乐 ······································· 161
　　　　　　向痛苦说永别 ·· 164
　　　　　　快乐是人生的关键 ··· 166
　　　　　　我两个都要用 ·· 167
　　　　　　贪婪与恐惧 ·· 168
　　　　　　赌博、投机和投资 ··· 170

第十一章 ▶ **富人的小秘密** ·· **175**

　　　　　　庆祝的能量 ·· 178
　　　　　　神奇的捐献能量 ··· 179
　　　　　　文字代表力量 ·· 181

第十二章 ▶ **世界的ONE PIECE** ·· **187**

　　　　　　拥有大量现金流的房地产 ··································· 190

第十三章 ▶ **管理好你自己** ·· **195**

管理你的健康……………………………………………198

管理你的高效能习惯……………………………………201

管理你的行动……………………………………………217

管理你的影响力…………………………………………222

后　记……………………………………………………**225**

第一章

你是谁

> 我是蒙奇·D·路飞！是将来要成为航海王的男人！
>
> ——蒙奇·D·路飞

看过《航海王》（英文名：ONE PIECE）的人，或许会问：德鲁克是谁？富勒是谁？

研究德鲁克的商界人士，也可能没有接触动漫的经验，或许也会问：什么是航海王？谁是路飞？谁是红发杰克？

这些问题或许很重要，我们可以花一点篇幅向你解释与说明，但是写出这些上网查询就能得知的解答，其实是毫无意义的。

我们要帮助你开发你的潜能，而你的潜能全部沉睡在你的大脑里。很多时候遇到问题，也许你已经习惯未经思考、未经努力，就直接向他人寻求解答。

所以，要不要试着和百度、搜狐等搜索引擎，开始建立一点友谊呢？

你正在上网搜寻信息吗？

你对航海王或德鲁克有初步的了解了吗？

正如德鲁克所言："身为顾问，我最大的贡献是无知地提了几个问题。"

现在，我们或许要无知地提一些问题：

请问德鲁克是谁？富勒是谁？

_____

_____

请问富勒与德鲁克对社会有什么贡献？
_____
_____

请问航海王是什么？
_____
_____

请问《航海王》的主角是谁？
_____
_____

请问《航海王》的主角为什么要成为航海王？
_____
_____

  网络的便利性让你可以很快地回答一些问题，你不用花多少时间就能得知初步的解答——而且答案都大同小异，因为它是客观的数据。

  以上的问题有如以前学校的填空题。台湾许多学校的老师总是要求学生花大把时间去死背这些"数据"，其实是浪费时间，没有效率，没有智慧，不知所谓。随着手机和AI人工智慧的诞生，我们必须更会思考。

  学校这种填鸭式教育，很可能让你原本可以进行创造性思维的脑细胞死去很多。

  你的脑袋停止开发好一段时间了。或许直到出了社会，你还是在用过往的方式学习。

  "尝试先自行寻找解决方案、答案"是锻炼大脑的方式之一，无论是自己思考，还是想办法搜集信息，都无妨。反正，就是多方寻找答案。

  有了答案后，用语言或文字组合成让他人也能理解的信息，可以训练你大脑的整合能力。

真诚的分享——无论是用语言来组织或是用文字来组织——的过程中，你的大脑会再度运转，你可以更深入地了解你将要表达的信息，让大脑累积"思考的经验值"。

我们现在要"想象"开发你的大脑，这和"秘密"有关。我们会让你开始使用"吸引力法则"，但你的"吸引力"有多强，则取决于你有多勤于活用你的大脑。

在开始之前，你可能有了新的疑问，比如：我们是谁？

"喂？我是路飞！是将来要成为航海王的男人！"路飞迅速接起可疑的电话虫（《航海王》中类似电话的工具），毫不犹豫地说。

我们很乐意告诉你我们是谁，但更重要的问题，应该是：你是谁？

你真的清楚自己是谁吗？

_____

_____

你知道你诞生于这个世界的使命、任务是什么吗？

_____

_____

你真正的兴趣是什么？你热爱什么活动？

_____

_____

你的天赋专长是什么?你的优势领域是什么?
_____
_____

你这辈子最大的愿望是什么?
_____
_____

你觉得幸福是什么?
_____
_____

你未来想要过什么样的生活?
_____
_____

你赚大钱的目的是什么?
_____
_____

你想让未来的人怎么谈论对你的印象?
_____
_____

  这些问题,可以说是这本书最重要、最关键的问题。而这也不是短短几分钟就能回答的问题——若你从未思考过这些问题的话。

  如果你经常思考这些问题,而且已经有了明确的答案,你或许在几个小时内就能回答这些问题,并填写完成。

  但如果你平常没有意识到、没有真诚地面对自己内心的声音,你可能要花上数年也不为过。

现在你可以开始试着去思考这些问题。在你独处的时候，排除所有杂念，排除所有妨碍你思考的他人的声音，专注地倾听你内心真实的感受。你必须排除所有外在的限制：学历、科系、经济压力、性别、年龄、恐惧、欲望、任务、责任感、爱情、友谊、亲情、职业、身份地位……让你的心像平静的湖面，诚实、真诚地面对你自己。

★ 想象，平静你的内心……

★ 想象，摒除所有杂念……

★ 想象，抛开所有情绪……

★ 想象，真诚、真实地，去倾听你内心的声音……

你或许不会很顺利——如果这是你第一次思考这些问题——就算看完本书，你可能也还是答不出来。因为你的大脑可能从未和这些问题建立过任何桥梁。我们希望你习惯和你的大脑沟通。

从今天起，我们建议每天思考这些问题。每天花上十分钟、半小时、一小时，在你安静、放松、没有杂务干扰的时候，想象，探索你自己。现在、立刻、马上行动！

刚开始，你可能会有个模糊的影像。随着不断深入思考、探索、了解你自己，你就越来越清楚这些问题的解答。

你可以试着用简单的话语来协助自己确立自己的定位。关键在于每天重复，高能量、高频率、高信心地重复。你甚至可以每次接电话时都彰显自己一次，比如：

喂？我是路飞！是将来要成为航海王的男人！

喂？我是蝙蝠侠！是让坏人感到害怕的男人！

喂？我是钢铁人！也是天才、发明家、企业家、慈善家！

喂？我是 __Aaron__！是 知识经济的实践者！

喂？我是_____！是_____！

喂？我是_____！是_____！

可以自己填写空格中的话语，随便你怎么填。可以写得很好笑、很宏大或是很有创意。

这很好玩！而好玩的事才能持久！我们安排几个空格给你，你可以发挥创意，而且随意更换。我们希望你把它填满，因为这和之后的内容有关。在你填完后，你可以不只在电话里这么做，每天早上睡醒都可以对镜子中的自己这么说：

我是_____！是_____！

世界第一的房地产销售大师汤姆·霍姆金斯、世界第一的汽车销售大师乔·吉拉德，都是这么做的。

汤姆·霍姆金斯在365天中，平均每天卖出一栋房子，27岁时成为千万美金富翁；而乔·吉拉德在16年中，平均每天卖出六辆汽车，最高纪录是十八辆。两人都是吉尼斯世界纪录保持者，酷吧？

如果你想要和他们一样，你至少要做到这种程度：每天早上睡醒，就对着镜子中的自己这么说：

我是_____！是_____！

我们很乐意提供更多的范例让你参考。举例来说：

我们是成资国际，专门提供世界顶尖的学习模式。

我们认同尤努斯的"穷人银行"理念，期望帮助更多需要帮助的人。

我们的使命是重新定义健康，提升华人知识经济水平，让更多的人脑袋健康、身体健康、口袋健康。

我们的愿景是成立魔法学院，从学生的孩童时代到成年，都应用富拉克的培育方式与训练，然后从中选出对的人，协助他成为对社会有伟大贡献的企业家，顺便变成亿万富翁。

我们在台湾屏东协助设立书院，并不定时资助该书院创办人认养五十多名弱势儿童；我们在教会也参与、培育了三百多名无所适从的年轻人。

我们欢迎聚焦于贡献的社会型企业与我们合作。

我们的营收项目中，教育训练、对外授课只是其中的一部分。只要你是 Integrity 的人，我们也乐于提供完整（而且严苛）的教育训练，分享如何只用一块钱创业的秘密。

我们很好玩、很酷、又很有实用价值，请给我们一个赞。

功夫巨星李连杰说："人无信念，难成大事。"你若想成就一番伟大的事业，也必须有信念、有使命、有原则，让你的生命发光发热。

我们承接的企管顾问案，首重客户的愿景、使命、核心价值。

许多人成立企业，却不知道成立企业的目的为何，企业的"信念"为何。

许多人立志赚大钱、立大功、衣锦还乡，却不知道其中的"信念"为何，为什么要赚大钱。

所以你最重要的事，就是要知道：

★ 你是什么？

★ 你现在是什么？

★ 你将来是什么？

★ 为什么？

很多人终其一生，都搞不清楚自己的人生目标、方向、梦想、渴望到底是什么？

他们或许只是为了生计，所以没日没夜努力工作，甚至没思考过自己适不适合、喜不喜欢这份工作，更多的人是听从旁人给的建议而工作。

父母说"当医生好"就往这个行业去、长辈说"金融业有前途"就朝这方向走，同学都去"找工作"就跟着做……他们没有思考、没有判断自己要的到底是什么。

如果你想变得富裕，就必须先了解自己内心最深层的渴望。只有当你内心真的渴望赚钱、过更好的生活，你才能迈开致富的第一步。

感谢耐心翻阅到此处的你！

当你认真去探索自己、更了解自己、真诚地面对自己内心真实的感受，你将感觉到脱胎换骨！

祝福你拥有丰盛、富饶、恩典满满的生命！

第二章

二二

正直

（Integrity）

什么是 Integrity 呢？这是地球上极为重要的法则，当我遵守这个法则，我的事业就一帆风顺。但当我违反这个法则，家庭、事业、感情……就产生问题和挑战。

——黄祯祥

为什么我们前面会写"只要你是Integrity的人，我们也乐于提供完整（而且严苛）的教育训练，分享如何只用一块钱创业的秘密"？

因为Integrity实在太重要了。

Integrity的意思是：正直、真诚、诚信、廉正、气节、真实的感受、诚实面对自己、内外一致。

德鲁克就像一本武林秘籍，全世界了解德鲁克才华的人，都把他当成学习与请教的标杆。越是成就非凡的人，对德鲁克越是崇敬。

比尔·盖茨说："德鲁克是我心目中的英雄。"

中国台湾王品集团董事长戴胜益用"空前绝后"来形容德鲁克。

优衣库董事长柳井正，送给他的员工每人一本《德鲁克精选：个人篇》。

无数的企业家、政要、学者等，在德鲁克在世时，争先恐后地想要向这位大师中的大师请教。

当德鲁克认为对方是Integrity的人时，他会非常热情、诚恳、真挚地招待来客，并尽可能回答来客的问题、满足他的需求。若德鲁克知道对方不是Integrity的人、对社会没什么贡献时，他可能会说："My time is sold out."

无论来客的身份多么尊贵，只要不是Integrity的人，即便是美国总统派专机到他家拜访，德鲁克也会说："我只是个平凡的老头子，请回吧。"

当年小布什要颁发美国自由勋章给德鲁克时，德鲁克可是百般不愿意呢！

而航海王的副船长雷利，之所以会收路飞为徒，愿意花两年时间教路飞"霸气"，也是因为他认为路飞是Integrity的人。

品格是"富拉克"学派最初、也是最终的检验标准。

品格不及格的人、不Integrity的人，将来必定殒落，过程中也会造成许多灾难。

就好像岳不群学了辟邪剑法、艾尼路拥有响雷果实、伏地魔拿到死神魔杖（the Elder Wand）一样糟糕。

毒奶粉、白酒塑化剂，甚至酒驾、飙车族、黑心油品，都是触目惊心的实证——不Integrity的人，做任何事都是灾难，而且灾难的规模和他的能力与影响力成正比。

正因为Integrity如此重要，所以现在，我们Integrity地告诉你：

★ 我们的企业有自己房地产的营收项目，我们是热衷于贡献的讲师，用创造价值来维持营收。

★ 我们的教育训练系统是亚洲顶尖的。就好像ONE PIECE中的响雷果实、金庸小说中的九阳神功或独孤九剑，你只要好好修练就能有所成就。本书仅仅只是前菜。

★ 我们非常慎重地选择传承的对象。

★ 我们会淘汰一时误选的对象。

★ 如果违反Integrity法则，就算拥有全世界最顶尖的赚钱能力，最后也必然会失败。

★ 如果你是Integrity的人，就算你一无所有，只要态度良好，我们就很乐意向你提供服务。

★ 如果你是Integrity的人，就算你一无所有，只要态度良好，全世界都会为你欢呼。

我们无法教会你Integrity，这一法则必须靠你自己修练，而且是一辈子的功夫。

我们可以分享许多成功人士对Integrity的看法和心得——

领导者的品格——组织的精神是由高层领导人所塑造的。

管理阶层的诚实真挚（Integrity）和孜孜矻矻是品格中不能打折的要求。

最重要的是，这必须反映在管理阶层的用人决策上。因为这是他们赖以领导统驭、树立典范的特质。

品行是装不出来的，共事者（特别是属下）只要几个礼拜的时间就可以得知，与他们共事的人品格如何。

他们或许可以原谅许多事情，比如能力、粗心、善变，可是他们无法宽恕没有品格的人，以及管理阶层。

这点对企业领导人特别重要，因为组织的精神、文化是由高阶领导人所塑造的。

优秀的企业文化来自优秀的高层领导，如果企业精神腐化，大多也是高层领导的腐败所致。

谚语说得好："上梁不正下梁歪。"资深主管的品行必须足以为部属效尤的典范，如果公司对某人的品格有所疑虑，就不应任命其担任高阶主管。

——管理学之父彼得·德鲁克

第二章
正直

***

企业巨擎成功的关键之一，就是 Integrity。

——微软创始人比尔·盖茨

***

在你雇用人之前，你需要确认他的三项素质：正直诚实（integrity），聪明能干，精力充沛。但是最重要的是正直诚实（Integrity），因为如果他不正直诚实却具备了聪明能干和精力充沛的素质，你的好日子也就到头了。

——慈善家沃伦·巴菲特

企业的规模，取决于老板的气度。

企业的长久，取决于老板的品德。

——王品集团董事长戴胜益

***

邵明陆先生与德鲁克家族是非常好的朋友，直到德鲁克去世之后，邵先生仍与德鲁克家族有密切的往来。

有一年圣诞节的前夕，德鲁克夫人多丽丝·德鲁克，带着女儿去拜访邵先生。多丽丝与德鲁克先生一样，是个非常谦逊、有礼且替人着想的长辈，她坚持要亲自做一个家族口味的水果派，送给邵先生当礼物。

大家享受完美味的点心之后，德鲁克家族准备离开，邵先生送她们到门口。当时正值圣诞节，天气非常冷，但由于邵先生在屋内，因此穿的是短袖，而德鲁克家族因为准备离去，所以穿的是大衣，一行人站在门口聊了许久。（请试着想象一下美国电影中，屋外大雪纷飞、屋内暖炉烘烘的景象。）

约莫过了二十分钟，德鲁克的女儿与邵先生仍在对话，此时，多丽丝对她的女儿说："哎呀！你跟人家站在门口聊这么久，你穿的是大衣，邵先生穿的是短袖，你爸爸如果还在，一定不会让你这么做的。"

这个故事给我了很大、很深的感触。彼得·德鲁克从其祖父那一辈到被判过刑、企业要传给儿子，再伟大也不会有百年基业"。

郭台铭说，以往都不在上班时间参加座谈或演讲，这一次是冲着三个理由来的：第一是"还债"，因为高希均教授办的座谈每次都在上班时间，爽约很多次，所以这次来"还债"；第二是还人情，因为20多年前鸿海挂牌时，陈树是证管会二组组长，当时很多承销商都说要有表示，结果，他准备了罐头礼盒去送礼，但是陈树不但没收，"还教我诚信的道理，我欠他一个人情，所以20年后我来还他这个人情"。

郭台铭表示，"感谢当初教我诚信的人"，至于第三个理由则是这个题目很有意义。他说，资本市场有三个分野，第一有赌博特性、第二有投机特性、第三是投资根本，"我认为投资市场，股东都应是长期投资"。

郭台铭指出，企业决策者的六个任务包括经营模式、技术、人才、产品、客户及策略股东，所以，他强调，"鸿海从不送礼品给股东，很多人来股东会闹场都被我赶走，我不要投机者，我要真正的投资者"。

郭台铭表示，今天谈企业社会责任有几点，主要是讲企业主的责任就是诚信、不能做假账、不能用信息去炒股，"我们公司做账都是依据保守会计原则，会计都是每个事业群自己做账的，我没法子改的"。

郭台铭强调，"鸿海不赚轻松的钱，单一企业占中国大陆进出口比重达5.25%，我在大陆投资20年，几百亿美元的投资，到现在没有买房子"，他说，"企业家经营权不传给家人，最近也在研究欧美的永续经营，都是传贤不传子"。

话锋一转，郭台铭指出，"我非常支持维持公平交易法，但这是鸿海并购前的事，竞争对手虽然很有名、经营很优秀，但是企业主被判过刑，也传给儿子，再伟大也不会有百年基业"。

记者杨伶雯／台北报导

* * *

地球上的法则是既定的，它不会因你而改变。万有引力是法则之一，所以微观来看，人会踩在地上、物体会从高处掉落；宏观来看，月球和人造卫星也因为万有引力而在地球旁边旋转。

人们可以借着智慧和科技发明火箭，离开地心引力的范围，但万有引力依旧存在。

Integrity也是地球上的法则之一，遵守它，让它引导你，你的家庭、事业、爱情会一帆风顺。在你迈向成功与幸福的道路上，没有什么比Integrity更重要、更强而有力。

Integrity的教练会接受Integrity的徒弟、Integrity的人之间会互相吸引，形成更强大的正能量族群，并共同完成一项又一项伟大的事业。

Integrity的人，即使没有伟大的成就，大家也会欣赏他；拥有成就却不Integrity的人，终究会被"反噬"，而且始终惧怕Integrity的人发现他不Integrity。

在我的"富拉克"课程中，有一堂"Integrity"，讲述富爸爸集团董事长——布莱尔·辛格和《穷爸爸，富爸爸》系列作者罗伯特·清崎事业刚起步时的事迹：

Integrity真正要告诉你的，是"你能不能表达你内心真实的感受？"……

当时布莱尔·辛格和罗伯特·清崎上台教导学员的课程，是他们一起去跟富勒博士学的一门课程……

可是那时他们两个的状况都不好，并不是一帆风顺……

所以他们就用教材一直教……

当时，布莱尔·辛格谈了很多教导的东西。台下坐了一位亿万富翁，一位很有钱的女士，她因为会做生意才很有钱，可是她的生意还是会遇到瓶颈……

布莱尔·辛格教授的那些东西好像在背书一样，她直接举手反映："老师，你说要Integrity，我现在就Integrity地告诉你：我听你的东西我看书就可以，我干吗要听你讲？我花那么多钱来上课，不是来听你背书的。"

很挑战吧？当时布莱尔·辛格吓住了，他跑到后台和罗伯特·清崎两个人一边研究一边不知所措。

为什么？因为他之前以为台下都是一些业务员，怎么有个亿万富翁在里面？

他赶快打电话给他的教练求救。他的教练告诉他："你忘了吗？富勒博士是怎么教我们的？你既然没有成功的经验，你要不要分享你失败的经验？"

他的教练就算要搭飞机来解救，也来不及救了，所以教练说："现在，就是你去学什么叫Integrity的时候了。"

他说："Integrity就是告诉别人你现在真实的感觉、你现在真实的感受。也许你去跟他们谈你真正失败的故事，跟你现在失败的时候，依然正面迎接挑战的过程，更能打动人心。"

布莱尔·辛格听完后就说"好"，硬着头皮就上了。他上台第一件事就是跟同学鞠躬说对不起，他说明其实自己现在的状况是怎样怎样、为什么今天可以到这里、为什么要站在这里……

他在一个钟头里，非常翔实地陈述了他当时的心情、他创业失败时内心真实的感觉。当他讲完后，全场报以热情的掌声。

然后那个亿万富翁就举手回应："你现在讲的内容，才是我真正要学的。我听过太多老师的课程，你这堂课是我有史以来听过最棒的分享。"

因为那是他内在最真实的感受。这些老板们看到居然有人可以站在台上去打开他内心的世界、去跟他的学员互动、去分享他所做过的一切。

20几年前我刚回亚洲，不太敢让人家知道，尤其是我在新加坡的学生，没有几个人知道我在35岁那年是破产的。是布莱尔·辛格提醒了我。

他说："也许你失败的经验，才是很多人想要知道的，而不是那些单纯的成功经验。"

我们成功的经验比起马云、马化腾、王永庆，比起郭台铭，比起李嘉诚，其实是微不足道的。可是我们失败的经验，却是很多人很渴望知道的。为什么？因为他现在很可能在人生的低潮，对未来茫然不知。

他想要知道：你在低潮的时候，心里在想什么？你为什么现在还能在台上，正面去面对这些？你内心的世界到底是什么样的？他们想要知道这个。

但是呢，请你把你的负面能量放少一点。为什么？因为人家不喜欢听你装可怜，不要搞了半天好像自己是受害者。

人家喜欢听"你碰到低潮时，内心在想什么"这对他才有价值。

所以我会告诉别人：在35岁破产时，我在家里写打油诗。我写：一贫如洗，两袖清风，三餐不继，四肢无力……

可是3年以后，我从人生的低潮走出来，在新加坡建立万人团队后退休，现在在台北101附近置产。所以，人们喜欢听什么？

"哇！曾经历过那么绝望的低潮，三年后可以做到退休！他到底做对了什么事情？"人们喜欢听这个。这里面潜藏着未来的无限价值。

成功有两种方法，一种是用自己的方法，另一种是用已经被证明成功、有效的方法。我们相信很多人会选择后者，于是很多人会去寻找教练。

教练是分等级的，教练的等级会决定选手的表现。所以许多人会去寻找"看起来"等级很高的教练。

现在，我们相信你已经能擦亮双眼，用Integrity去判断台上的讲师，究竟是真正的、Integrity的成功者，还是毫无实务经验、被华丽包装过、牛皮吹得吓吓叫的"演讲者""超级演说家"？

如果你发现有人在台上不谈实战经验，你可以像那个亿万富翁一样，举起手来Integrity一下，这样对他会很有帮助。

但记得，你举手的目的是另一种学习、另一种回馈，带着感恩的心，没有轻忽、轻视地表达自己当时的感受。

最后，我们建议你时时保持Integrity，尤其是对自己Integrity。这是一生的功课。我也还在学。

·你想要得胜成功吗？

·你对自己的现况满意吗？

·你相信自己可以改变世界吗？ 现在，该是Integrity的时候了！

欢迎来我们学院，享受一下！我是Aaron，致力于华人知识经济提升。

感谢耐心翻阅到此处的你！

在你和自己互动时，别忘了Integrity！

当你和别人互动时，Integrity！

当你成功时，别忘了Integrity！

当你失败时，别忘了Integrity！

时常保持Integrity！

你将会聚集到你所难以想象的丰厚资源！

祝福你拥有丰盛、富饶、恩典满满的生命！

第三章

贡献与服务

> 聪明才智越大者，当服千万人之务，造千万人之福；聪明才智略小者，当服百十人之务，造百十人之福；至于全无能力者，当服一人之务，造一人之福。
>
> ——孙中山

商人为钱工作；健康的富人不为钱工作。

商人聚焦于自身的利益；健康的富人聚焦于对社会的贡献。

商人因有钱而希望他人来服务自身；健康的富人因服务他人而不小心有钱。

商人为了维护名声或潜在利益而进行慈善；健康的富人进行慈善是因为想要对社会有所贡献。

贡献与服务，是健康的富人之所以富有的最主要原因。

你的财富和你所服务的人成正比。

你服务的人越多、造福的人越多，你的"聪明才智"越大——正如国父所说的。陈士骏创立播客网（YouTube），他服务的人数，让YouTube以16.5亿美元的金额被谷歌（Google）收购。

马克·扎克伯格的脸书（Facebook）公司让他2016年净资产达到516亿美元，因为Facebook服务的人数以亿为单位，而当时马克年仅32岁。

比尔·盖茨服务了全世界发达国家和发展中国家无数的民众，所以他年年称霸世界富豪排行榜。现在他矢志服务全世界人民——根除小儿麻痹。

彼得·德鲁克改变了管理与领导的世界，世界上很多企业家都是他的徒子徒孙，他的家族，富连五代。他把收入的90%捐给教会，只留10%生活。健康的富人不会为钱工作，他们通常在做一般人认为很奇怪的事——因为有钱人想的跟一般人不一样，然后"不小心"变得很有钱。

读到此处，你可以试着写下你所认识的"有钱人"，看看他们到底是商人，还是健康的富人？你喜欢哪一种？

商人：

_____

_____

富人：

_____

_____

商人和富人对"富裕"的定义完全不同。健康的富人对富裕的定义是"充足、大量、绰绰有余、服务、贡献、平衡式的得胜成功"。健康的富人乐于提供他的"闲置资产"，这些"闲置资产"通常是爱、笑容、拥抱、关怀、服务、贡献、亲切、良好的人际关系、知识、经验——用Integrity的方式来给予，就产生了，现在很红很牛的"共享经济"。

商人在与他人合作时，会优先想到自己的利益。他们会想：

★ 你对我有什么好处？

★ 我能从你那里捞到什么好处？

★ 我要如何保证我的好处不会损失？

★ 你要付出多少，才有资格从我这里捞到好处？

★ 你接近我，有什么企图？

健康的富人在与他人合作时，考虑的事情非常多。他们会想：

★ 我的服务可以对你有什么好处？

★ 我有什么资源是可以帮助你的？

★ 你要如何保证你不会用我的资源去为非作歹？

★ 你接近我，有什么关键需求？

健康的富人不一定很有钱。

账户里的金额高，月收入高，并不代表你就是健康的富人。

住豪宅、开跑车、穿名牌、一掷千金，也不能证明你是健康的富人——如果过度招摇有时是暗示这是个喜欢炫富的人。

顶尖的健康的富人有个小秘密：就是穿着得体，很居家，很平常，很干净，有时骑自行车逛逛。

"穿得随便又居家"的目的：舒适、Integrity、内外一致。

"骑自行车"的目的：运动以保持身体健康。

沃尔玛百货的创办人——山姆·沃尔顿开的车是福特汽车；被誉为"股神"的沃伦·巴菲特开的是高龄美国车。当然，沃尔沃、奔驰、宝马，代表为家人的安全着想也是对的。

你想当商人还是健康的富人？请你试着写下你想成为什么样的人：

嘿！对了，不论断自己，不论断别人！！

_____

_____

穷人、商人、富人与明智的亿万富翁

很多人认为有钱人应该多贡献一点金钱，少买一点豪宅，多付一点薪资，其实并不全然。

你是穷人、有钱人、商人、富人还是明智的亿万富翁，取决于你的思维和思考模式，而不是你的账户、身份或资产——许多人甚至连资产和负债都搞不清楚。

★ 穷人期待他人去奋战，自己最好能一夕致富。

★ 穷人觉得有钱人应该多缴一点税，这样才公平。

★ 穷人羡慕他人有钱，却不会想自己为什么没钱。

★ 穷人觉得别人会有钱，是因为他是富二代，是觉得他运气好，反正自己创业永远不会成功。

★ 穷人不会欣赏有钱人，穷人分不清有钱人、商人和富人之间有什么差别。

★ 穷人忽然拥有大量金钱——比如中乐透——会拿去大量消费，购买自以为是资产的负债，然后过得比之前更惨——这就是乐透得主有75%很快会破产的原因。

★ 穷人自命清高，不愿对自己Integrity。

★ 商人为自己的利益奋战，他们知道努力才有收获。

★ 商人希望自己的一份努力，可以换来多几份收获。

★ 商人赚了钱，会拿去变成更多的钱。

★ 商人总是担心钱会变少，所以非常有钱的商人，会想办法把钱放在会赚钱的对象上——这就是国际热钱。

★ 商人只在乎自己的钱能不能变多，他们不会在乎这些赚钱的系统会不会伤害到他人，更别提对社会的贡献——金融海啸就是其后果之一。

★ 商人不愿对他人Integrity。

★ 富人乐于奉献，乐于付出，保持Integrity。

★ 富人不一定知道怎么赚钱。Integrity的人，通常都具备健康的富人的特质。

★ Integrity的人学到赚钱的方式后，会变成有钱、富裕、乐于帮助他人、对社会有伟大贡献的全新"人种"——明智的亿万富翁。

★ 明智的亿万富翁会想：怎样建立一个系统、一个游戏，让所有参加游戏的人都能赢？怎样让你赢得比较多？

★ 明智的亿万富翁把焦点放在对社会的贡献、对社会大众的服务上，顺便赚点钱。

★ 对明智的亿万富翁来说，赚钱和呼吸一样简单。因为他们习惯去思考"如何让大家都赢"、习惯去思考"如何帮助别人"，致富只是一个理所当然的过程，不知不觉口袋就满起来了。

★ 明智的亿万富翁享受生命、充满热情、注重身体健康，充满爱、笑容、拥抱、关怀、服务、贡献、亲切、良好的人际关系、知识和实务经验。

★ 明智的亿万富翁知道生命是起起伏伏、有起有落的，有成功也有失败，并坦然接受这种波形的状态——就像大自然一样。

★ 明智的亿万富翁，永远保持Integrity。不怎么Integrity的商人，有时对明智的亿万富翁又爱又恨。

你觉得你现在的思维是穷人，是商人，还是富人？你满意你的位置吗？你要如何改进？没有"对错"，只要考虑你未来想过什么生活。

_____

_____

你要成为明智的亿万富翁，第一个条件，也是最不可或缺的条件是Integrity。Integrity衍生出对贡献与服务的态度，这种生命中最根本、最纯净、最真诚良善的东西，才是你成功、致富、快乐、幸福、自由、健康的关键。

你若要在一个领域里成功，应该跟该领域的"典范"学习，而不是该领域的有钱人。"典范"意味着他Integrity，热爱贡献与服务，实力和经验都是最顶尖的。

实力强悍、却在收取学费后就不管学员，没有Integrity，也没有贡献与服务的精神——他们没有让大家都赢——尤其让客户赢。许多不靠谱的成功学"老师"的现金流来自学生学费，而不是自己的事业与资产，这就是有些成功学难登大雅之堂的原因之一。我们期待，新的领导学"领袖"诞生，期待看这本书的你是健康的超级富人。

前几年我去香港与北京参加一个关于彼得·德鲁克的会议。在这次的旅途中，有幸碰到了彼得·德鲁克在中国大陆地区的唯一给予授权的邵明陆先生。

初次见面时，邵先生给我的感觉是一个十分谦逊、Integrity的企业家，没有富豪的架子，有的是对这个社会无尽的关心。

我透过邵先生而更了解彼得·德鲁克，同时也在邵先生的身上，印证了我从彼得·德鲁克的书里学习到的信息。

我从过去接触世界大师的经验得知：彼得·德鲁克的智慧宝库是知识

工作者的殿堂，可以落实在生活中每一处平凡的角落。

这段旅程让我更深入地认识了彼得·德鲁克与邵先生，他们总是不断地问自己：我可以提供什么样的帮助给对方？我这么做对你有什么好处？

举个例子，当时我原本想邀请邵先生来台湾，并且请媒体来采访他，当然我的目的是希望做些宣传，让更多人认识彼得·德鲁克的智慧。

但邵先生却一语惊醒梦中人，他说："当然，我很乐意做这件事，这么做对我的知名度有帮助，可是对你呢？对于要在台湾经营彼得·德鲁克协会的你，又有什么加分效果？"

对呀！我怎么没思考过这个问题？我只想做一场营销活动，让更多人接触到彼得·德鲁克。可是负责台湾地区的人是我，并不是邵先生呀！

邵先生的一席话，也让我悟到：彼得·德鲁克的核心思想，就是在创造客户！邵先生把我当成客户，从对我最有帮助的角度出发去考虑，不眷恋任何社会上的名利。

邵先生也曾提过一个故事（摘自课程 brochure）："我在 1999 年带着一份办学计划去找彼得·德鲁克。我的梦想是办一所在职管理者与创业者的管理学院。现在回头看，当时我的想法一点都不成熟，但彼得·德鲁克被打动了，他说：'如果我年轻 10 岁，我会与你一起到中国大陆去办这所学校，可是我的年龄不允许我这么做了，但我愿意当你的免费顾问，在我有生之年，只要你有需要都可以来找我。'"

刚开始我看到这个故事时，我以为彼得·德鲁克就是一个愿意办学，希望影响更多人的人，但我发现，越与邵先生接触，就越明白彼得·德鲁克为何把整个中国大陆市场，以一美元的价格授权给他。我从邵先生的身上，充分看到这种创造客户的精神。

更重要的是，彼得·德鲁克知道自己无法亲身到中国，但他做了自己一再强调的事：一个领导者刚上任，最重要的就是培养接班人。我相信彼得·德鲁克花了很多时间观察邵明陆，最后才会授权给他，或许彼得·德鲁克在邵先生的身上也看到他实践了自己的话语。

还有一次，我想成立彼得·德鲁克协会之后，邀请邵先生当我们的荣誉主席，但邵先生说："黄先生，我当然非常乐意，但是我在台湾没有知名度，我当荣誉主席对你的帮助不大，你要用这个资源，去找在台湾具有影响力的人士，可以帮助你影响更多人，这样对你才有加分的效果。"

再一次，邵明陆的话，让我深深感受到他时时刻刻都在替别人着想，也看见彼得·德鲁克的学生，如何真正在生活中实践他的精神，让我更加地钦佩德鲁克了！

如果社会上大多数的人，能像邵先生与彼得·德鲁克一样，世界上的纷乱就会少很多很多。

当然，我也需要效法彼得·德鲁克，好好挑选对的人，这才是最重要的！我们要来北京、杭州发展了。

德鲁克启发我：

（1）你知道彼得·德鲁克对中国的期待吗？

（2）你觉得彼得·德鲁克用人的哲学是什么？

（3）如果你是主管，你会采用具备什么特质的人呢？你期许自己成为什么样的主管？

（4）如果你是上班族，你会勉励自己成为什么样的下属呢？

你知道《航海王》中的路飞为什么能聚集到那么多好伙伴吗？

因为他像德鲁克一样，Integrity地奉献、付出，真诚地为他人着想。即便他看起来没什么在思考的样子，甚至和体贴细心搭不上边，但正因为他想也不想就去进行贡献与服务，才受到广大群众的认可。

他不在乎利益，有坏人，他就把坏人打飞；有人愿意挺身保护群众，他就觉得对方是好人，并和这个好人一起把坏人打飞。

他服务的群众，是以"岛"和"国家"来计算的。

他保护了索隆、娜美、香吉士、"骗人布"的家乡——通常是把这个区域最坏、最关键的混蛋打飞——然后进入伟大的航道，保护阿拉巴斯坦、保护空岛、保护水之七都、保护鱼人岛……

他保护的人，都是迫切需要帮助的人，受到高压与暴力迫害，丧失尊严、自由和生命。

他的服务就是保护：把坏人打飞，把开心、快乐和自由，还有一些有趣的"麻烦和混乱"，带给大家。

而且，他不管对方的身份地位多高，实力多强，只要对方是坏蛋，他都会毫不犹豫地打飞对方——甚至拿命去拼。

所以他身边有那么多好伙伴，并甘愿为他拼命。

所以他身边有那么多贵人——甚至《航海王》中的副船长"冥王"雷利，都愿意当他的教练。

所以他具备真正"航海王"的资格。

"小子，我记住你了。"电话虫的另一端，因为想吃的零食被路飞无意间吃掉，而誓言毁灭鱼人岛的BIG MAM，对指责她的路飞冷冷地说，"你过来，我在'新世界'等你。"

"好啊，你等着，我刚好有事找你。"就算被"四皇"之一的大海贼盯上，路飞依然毫不畏惧地回话。

"你这家伙太危险了！我要去'新世界'打飞你！"路飞对电话另一端的暴君大吼，"然后把鱼人岛变成我的地盘！"

路飞的勇敢、真挚、强悍、舍己为人、Integrity，征服了许多岛屿的领导人，甚至是一个国家的王者，他们都愿意让路飞保护，让自己的领地成为"草帽海贼团"的地盘。

你想要成为像路飞那样的人吗？你想要得到一国民众的认可吗？那么首先，你要Integrity，其次，你要抱着贡献全世界、服务全世界的心态和气度，去建立一个大家都能赢的游戏，做出一个大家都能致富的伟大行动。

核心价值与致富计划

当你开始准备致富行动，请先做好一件事——做计划。

所有成功的企业人士，不会毫无计划地贸然行动。

有时候他们会说："先做了再说。"但你不知道的是，在他们的脑袋里，早就已经有N个计划了。他们只是在等市场的反应、客户的建议，然后再做接下来的修正判断。

但是在进行的过程中，你必须时时刻刻关注你的核心原则。

然而有许多人赚钱是没有原则的。你的核心准则会大大影响你的收入。

松下幸之助有一句经典名言：

企业不赚钱是罪恶。

我们非常认同其所提出的论点：如果你让企业因为不赚钱而破产，导致员工失业，而忠于你们企业的客户被迫成为其他不良公司的客户，那确实是一种罪恶。

但其实我们更认同的是管理大师——彼得·德鲁克先生提出的：

创造客户。

客户是你赚钱与否的根本，服务好客户，利润才有真正的意义，否则也只不过是财报上空转的数字罢了。创业如果只追求财报上的获利数字，就会产生更多的黑心事件。因此创立一个企业，除了获利以外，还有更多的责任与义务，也就是聚焦于贡献与服务。

这不代表企业一定要转型为社会型企业，而是必须先思考清楚谁才是商业社会中真正的主角。

一个企业的客户不仅仅是金钱上有往来的名字而已。

管理者、企业家，应该把他们的客户视为家人，提供服务与产品。如果秉持制作产品给家人吃的心态，就不会一味追求最低成本的原料，而是会认真思考这个原料的来源、质量，是否真正安全。

如果我们要制造一部智能手机给我们的家人使用，我们就会认真考虑要用什么样的芯片、处理器，可以让我们的家人所使用的手机发挥最大的效用，这就是"创造客户"的核心价值。（虽然我不喜欢，也不赞成太依赖科技3C产品。）

创造客户是企业真正的根本。杰夫·贝佐斯创立的亚马逊，虽然创业初期亏损金额高得吓人，可是他的信念是打造"最以客户为中心"的企业，因此在金融海啸中，亚马逊脱颖而出，展现出傲人的成绩，2018年成了世界首富。

一个企业家的勇气、远见、胆识，有时候无法从财报数字上衡量，而企业家信念里的核心价值是否正当，才是一个企业获利与否真正的根本。

存在于商业活动中的法则是很奇妙的。

我们看传统百年老店，坚持用最货真价实的原料，给客户最好的产品，能够屹立不摇数十年甚至上百年；但一旦上百年的老企业，令公司利润优先于客户利益，虽然短时间能够赚到许多钱，但高楼如何起，就会如何倒塌。

前几年重伤全球的雷曼兄弟不也正是如此？

如果企业运营像是一棵大树，那么客户就是企业的根，服务与产品是养分与水分，利润是果实，环境是土壤。唯有从根部给予充足的养分与水分，果实才能长得多、长得好。

我们或许会抱怨土壤不够肥沃、大环境不好，但你是否看过在水泥地上生长的大树，仍然枝叶茂密、突围而出？

这就是创造客户所打造的企业生命力！

创造利润能让企业赚得更多，但不一定长久，利润最终归向是企业家口袋、政府口袋，还是消失不见都是未知数？但创造客户，会让利润源源不绝，赚得更长久，企业家能睡得更安稳，对社会的影响力也更强大，这才是企业存在于商业社会中真正的价值。

彼得·德鲁克的管理思想是弹性的，我们从他的学生身上学到创业和经营企业，很多时候我们的决定是在两难的情况下做出的。但无论身处什么情况之下，一个企业运营上的最低标准，叫作"不能明知有害而为之"。意思是任何的决策、致富计划，如果无法对人类有益，至少不能对人有害。

诈骗集团就是最好的负面教材。许多"money game"骗钱、诈财的手段，堪称高明，但这件事对任何人都没好处，就是一个最负面的例子。

2011年闹得沸沸扬扬的"起云剂"事件也是，明知加工物对人体造成的伤害极大，却仍非法添加化学物质，这也是"明知有害而为之"。

因此，立下你的致富核心准则，是十分重要的。

如果你有合伙人、核心伙伴，也请他们一起坐下来，为你们的致富计划定下原则。现在请找你的核心团队一起坐下来，写下你们的创业核心准则，并且每个人在后面，都签上自己的名字，以示负责。

感谢耐心翻阅到此处的你！记住！富人不为钱工作！富人为了贡献与服务工作！富人为了建立让大家都赢的游戏而工作！你所服务的人数，和你的财富成正比！而一家百年企业的根就是"创造客户"！祝福你拥有丰盛、富饶、恩典满满的生命！Fighting! Fighting! Fighting!

第四章

问对问题

（答案都在问题里）

知识工作者要提高效能，首先要做"对"的事。

——彼得·德鲁克

首先，你认为，什么是"对"的事？

就如同德鲁克所言："解决问题的方式有千百种，我的职责就是问对一些问题。"

你可能无法非常精确地判断何谓"对"的事，但你可以从前面几章看出一些端倪。

★ 你必须寻找自我、探索自我、了解自我。

★ 你必须Integrity，真诚、正直、廉正、内外一致、真实地面对内心的世界。

★ 你必须聚焦于对社会有所贡献，并服务广大群众。

再问一次，你认为什么是"对"的事？

_____

_____

我们由衷地希望，读完前面几个章节，你的答案会更加Integrity、更接近贡献与服务、创造客户。如果你认为这很困难，那我们可以提供你一些方向。比如：如果你要快速了解一本书是否对你有价值，自序和目录是其中的关键。

自序是作者写书、出书的"目的"。优秀的企划案、构想、产品，全都和目的有关。目录则是这本书的项目和重点摘要。

这也是德鲁克式的学习法。

他靠着自我管理，仅用就学期间四分之一的时间就获得博士学位，剩下的时间都在做他喜爱的事。他大量阅读，用三个月和三年交替学习法，不断尝试全新的领域。

好的书籍可以大大提升你的见识，而努力实践好书中提供的知识，则可以大幅提升你的能力与格局。德鲁克表示，他靠着在图书馆大量阅读，得到了"真正的大学教育"。

如何判断一本书是否满足你的需求、是否对你有价值，最快的方法就是看自序和目录。书本的自序和目录，就像一家企业的"使命"和"产业类别"一样。

我们已经告诉你我们写书、出书的目的，现在我们要再度刺激你的大脑：

你看这本《财富密码：怎样走上财务自由之路》的目的是什么？你为什么要看这本书？

_____

_____

"为什么"是最高等级的问题。

如果你知道"为什么"要做某件事——也就是你做这件事的"目的"——很多事情就有了答案。

许多人都在考试、都在念书，却不知道为什么要考试、为什么要念书。

许多人都在追求金钱和地位，却不知道为什么要追求金钱和地位。

许多人问的是"如何"：如何赚大钱？如何考上名校？如何进入百大企业？

这就是许多人无法致富成功的原因之一。

台湾政府之所以没有效能，就是因为很多决策，不知道"为什么"要做，但还是依这些决策行事。

所以，为了帮助你了解自我——这是本书最重要的目的之一——……我们要请教你：有钱一定快乐吗……

如果你正在开办企业，那你开办企业的目的是什么？

_____

_____

如果你正在上班，那你上班的目的是什么？

_____

_____

如果你正在找工作、换工作，那你找工作、换工作的目的是什么？

_____

_____

如果你正在考高中、考大学、考研究所、考公务员，那你的目的是什么？

_____

_____

如果这是你第一次思考这些问题，而且没有认真读过前面几个篇章，没有认真思考，没有积极和我们互动，把它当成老生常谈，你可能回答不出来。

如果你回答不出来，你学习再多致富赚钱的秘密也会事倍功半。

反正大家都在做，我就做了——如果人云亦云，就不容易得胜成功，不可能像路飞一样，航向属于自己的"伟大的航道"。

我们追求的不应该是更高分、更高地位、更多钱，而是"更不同"，更喜乐，更平安自在。

你必须离开红海市场的竞争，找出属于自己的新蓝海策略。

蓝海思维放在企业中，就是创新与创业精神的领域。而真正的创新企业家创办企业的目的，通常是基于某种良善的信念。

举例来说，雷·克拉克创办麦当劳连锁餐饮的目的是"让更多美国人享受更好吃、更快速、更便宜的汉堡"；霍华德·舒尔茨创办星巴克的目的是"让美国人告别喝马尿的时代"（有好喝的咖啡喝）。

有一对从墨西哥来的夫妇到美国定居，发现在美国遍地找不到墨西哥的家乡料理。他们非常怀念墨西哥老奶奶的家常菜。有些餐厅仿照墨西哥风味制作的菜色，和墨西哥老奶奶的传统料理还是有些差距。

这对夫妇希望让更多人享受到墨西哥传统的原汁原味料理，于是开了一间墨西哥餐厅，菜色忠于老奶奶的原汁原味家乡菜。

这才是真正的创业家精神。创业家应该要明确了解自己创业的"使命"与"目的"，而不是"我的梦想是开一家咖啡馆，所以我开了一家咖啡馆"，这不叫创业。

学校或家庭环境让人有僵化的思维，现在我们要让它活络起来。

这个过程绝不轻松。就好像忽然要你跑个30公里的马拉松一样，因为你平常没有跑，忽然要去跑30公里，你不容易办到。但是从现在开始每天跑一公里，然后去习惯每天跑一公里，再慢慢往上加，总有一天，你会觉得跑30公里是很轻松的事。

要你去思考如何把一块钱变成一百万元，很容易吗？当然不容易！但你可以循序渐进，就像跑步或重量训练一样。

从现在开始，我们要让你"想得和一般人不一样"。

这是创新与创业的思维。正如德鲁克所言，企业中除了营销与创新以外，都是成本。

能改变世界的全是创新与创业的产物，它有关键、有秘密、有分析、有统计资料、有实证、有相关训练，而且跟前面的章节都有关。

你若想要让世界不一样，让你自己的生命不一样，就要让自己的思维和一般人不一样。

但要达到创新与创业，甚至一块钱变一百万元的超级思考境界，至少要练习去想"为什么？""目的是什么？"。

答案都在问题里，"为什么？"是高等级的问题。

我们建议你常常去思考"为什么""目的"，你的未来和脑袋将会有戏剧性的转变。

时常询问自己"目的"，假以时日，你就会得到只属于自己的答案，你的人生会有方向、有目标，生命充满热情。

一个伟大的使命

如果你觉得回答之前的问题很困难，我们可以提供你卓越的参考范例：

★ 王品集团的使命是：以卓越的经营团队，提供顾客最优质的餐饮文化体验，善尽企业公民的责任。

★ 优衣库的使命是：以合宜价格，为每个人提供适合于任何时候及场合穿着的时尚、高质量的基本休闲服装。

★ 台积电的使命是：成为全球最先进及最大的专业集成电路技术及制造服务业者，并且与我们无晶圆厂设计公司及整合组件制造商的客户群共同组成半导体产业中坚强的竞争团队。

★ 可口可乐的使命是：让全球人们的身体、思想及精神更加怡神畅快；让我们的品牌与行动不断激发人们保持乐观向上；让我们所触及的一切更具价值。

★ 成资国际的使命：协助各个产业、各个领域创造更多优质的典范，提升华人知识经济。

这些全都是卓越企业的使命，而你可能会好奇企业的使命和你有什么关系？

"使命"即"目的"，"使命"的定义就是：为什么要成立这家企业？这家企业能产生什么贡献？能创造什么样的顾客？

把"企业"换成"你"，就变成"你的使命"。

企业所能服务的人数，大多数情况会比个人多很多。你服务的人越多，你的财富越多。

只要你比照企业规模的使命，创造出属于自己的使命，你的生命就会完全不一样。

你的生命会有目标、有信念、有灵魂、有热情——只要你有使命。

我们要帮助你，在你心中种下一颗种子，让你对生命有热情、有动力，而不只是每天单纯地起床、上班、吃饭、下班或加班、睡觉，日复一日。

我们要让你的生命变得更好玩、更酷、更牛、更有实用价值，但我们不能指出"你未来的事业"是什么。这要由你自己找出答案。

所以请问，你的使命是什么？快乐吗……

_____

_____

为什么你会写出这样的使命？

_____

_____

如果你不习惯问自己"为什么""目的为何"，在你一开始这么问自己时，你会很辛苦、很挫折，也有恐惧。因为这是你 Integrity 的开始。

一开始你在寻找自我的阶段会感到孤独，因为没有人会陪你去你从未到过却只有你想前往的地方。要让一般人都能理解你，想想你要平凡到什么程度？所以要加油。

人都需要朋友，但在你寻找真正的自我的道路上，可能只有你能前往，也只有你自己有答案。 你的父母可能是最疼你的人，你的朋友可能是最挺你的人，但只有你自己能找到答案——只属于你的答案。真诚、诚实、勇敢面对你内心真实的感受，Integrity。

面对自己要诚实。

所以，要不断问：

★ 为什么？

★ 为什么？

★ 为什么？

在问"如何赚大钱"之前，你要想"为什么要赚大钱"？

所以现在，我们再请你思考一次：

你为什么要赚大钱？

感谢耐心翻阅到此处的你!

别忘了!做任何决策前,先想"目的"!

多问自己"为什么"!你会找到自我!

你还会节省很多时间!祝福你拥有丰盛、富饶、恩典满满的生命!

Fighting! Fighting! Fighting!

第五章

创造优势领域

> 寻找自己最擅长的领域并发挥所长，是每个人的天性。
>
> ——彼得·德鲁克

有一个庄园，里头住着各式各样的小动物。

小鸭鸭喜欢游泳，它没事就喜欢泡在水里嬉戏。

小羚羊喜欢追赶跑跳碰，它每天都会跑得满身大汗，累了就呼呼大睡。

小老鹰喜欢飞行，虽然还不能飞得很流畅，但是它很喜欢这种生活方式。

小猴子喜欢爬树，它最喜欢在树上荡来荡去，摘树上的果实吃。就算不小心摔到树下，还是摸摸屁股继续爬。

它们各有各的专长和兴趣，不但彼此没有竞争，而且生活得很快乐。

有一天，庄园的园长希望从小动物中选出最"优秀"的一员，并宣称这个被选上的动物，园长将保证它"衣食无虞"。

如果你是园长，你会怎么做？小动物们都很兴奋，一个个蓄势待发、摩拳擦掌。它们都希望自己被选为最优秀的动物，并且获得园长所说的"衣食无虞"。

之后，园长公布评选的方式：

★ 考试的项目为爬树、跑步、游泳。

★ 爬树、跑步、游泳各有各的分数。

★ 谁的总分最高，谁就是最优秀的小动物。

小动物们听到考试项目，都觉得自己将会是最厉害的一员：它们认为自己都擅长某一部分，而那项专长将让它们获得胜利。

考试开始了。无论是哪一科考试项目，小动物们都铆足全力，努力争取最优秀的成绩。

考试结束了，小动物们都觉得自己竭尽全力，应该是最优秀的小动物。

没多久，成绩公布了。

你觉得小动物们的表现如何呢？

小鸭鸭的游泳分数最高。但是在跑步时，它就发现自己的脚不适合做这件事。其他动物都跑得很顺畅，尤其是羚羊，小鸭鸭很紧张，又很气馁，只能在后面拼命地追赶。

最后，小鸭鸭的跑步分数是最低的，爬树分数还得了零分，因为它根本不会爬树。更糟糕的是，个性认真的小鸭鸭让自己的脚做了不擅长做的事，脚丫子都被土壤和石块磨破了。

小羚羊认为自己是跑得最快的，而且它游泳、爬树都会一点点，所以它认为自己的总分应该是最高的。

但是当小羚羊用尽全力奔跑时，却发现老鹰早就在终点梳理羽毛。于是，单纯的小羚羊非常崇拜小老鹰，不断用闪闪发光的眼神看着牠。

小老鹰不太会游泳，但无论是爬树还是跑步，它都是最快最强的。他只要翅膀一张，"咻！"的一声就飞到了树顶、飞到了终点。

个性奔放、不受拘束的小老鹰对自己的表现充满信心，但是，它对小羚羊异常热情的视线感到不安。

小猴子的爬树分数最高，而且它手脚灵巧，既会跑步又会游泳。不过它个性既顽皮又容易分心，在爬树时会摘水果吃，在跑步时会去调戏老实的小鸭鸭，在游泳时还不忘去调戏老实的小鸭鸭，他发现这样很好玩，所以就连公布成绩时，他还是在调戏老实的小鸭鸭。

如果你是园长，你觉得谁是最优秀的小动物呢？为什么呢？

_____

_____

园长公布分数：

★ 小猴子的总分是最高的，它什么都会，爬树最强、跑步第二名，游泳第二名。

★ 小羚羊是第二名，跑步最快，爬树和游泳都还算可以。

★ 小鸭鸭虽然是最努力的，游泳分数也最高，但园长对运动家精神没兴趣，所以是第三名。

★ 小老鹰全部得了零分。虽然它爬树时最快到达树顶、跑步时最快抵达终点，但是它作弊——用飞的。

很离谱吧？当然离谱！

但历任的园长竟然都这么做，而且做得理所当然！

最糟糕的是，世界上绝大多数的教育体制都会这么做，而且理直气壮，并且父母也都致力于把这套诡异的价值观灌输在自己的子女身上。这就是我们台湾学校的教育。在您的家庭呢？

现在，我们要请你动动你的大脑：园长的考试和台湾学校的教育环境，究竟出了什么问题？这种教育体制怎么改进？

_____

_____

现在台湾年轻人月薪22K、18K（新台币），抱怨老板太抠、富二代过得太轻松；企业家认为年轻人太娇气、太无能，名校毕业却没有足够的能力和经验去胜任自己的工作，更重要的是，这些学生连自己擅长什么、热爱什么都不知道。

社会的许多问题都从教育开始。

教育为本，教育决定一切。正如德鲁克所言："一个人最大的成本，是一颗未受过良好训练的脑袋。"

脑袋分为左脑和右脑，左脑偏向逻辑、记忆、批判，右脑偏向创新、创造与声光音效。

台湾的教育环境并不负责训练你的右脑。更多时候，对破坏你右脑的创造力还比较"有贡献"些。但是在致富之路上，发达的右脑是必备条件。

台湾的教育，会用语文、英语、数学、自然、地理等领域，判断你的才能——

数学理解能力强，好像是一件很了不起的事，所以加权分数重一点；艺术家在台湾要混口饭吃，好像很困难，所以美术和音乐科目，意思意思就好。

学校教你的，理论上是足以让你在社会上生存的能力，但没有人知道学会三角函数或微积分，到底能帮你在社会上赚取多少收入；与此同时，社会又把专业的美术、音乐，包装成很有钱的人才能学的东西。

学校往往教给我们一些好像很有用、好像很厉害，实际上却在妨碍思考、妨碍创新的能力，导致有些人不会赚钱，变得很穷。

因为大家都很穷，所以没有闲情逸致去观赏艺术演出，艺术没人欣赏，所以没人学艺术，艺术家也越来越穷。

因为大家都很穷，所以没有人敢结婚、没有人敢生小孩，生育率降低，人口红利降低，社会产能也降低。

有些人的大脑被学校锻炼得像石头一样硬，以为上班吃得苦中苦，有朝一日一定能成为百万富翁，把学校最基本的算术能力忘得一干二净：他们不知道就算月薪10万元，不吃不喝整整两年都不一定能凑到在台北市买房子的首付款。

有些人拼命追着钱，以为研究钱、知道所有金钱的运作规则，就能赚取大把钞票，却忽略品格、忽略贡献与服务、忽略目的，也忽略自己的优势领域，所以很累、很辛苦。

成功事业的第一个条件：热情

热情也是有等级的。如果你正在上班，你知道为什么你只能领22K吗？因为德鲁克说："企业当中有生产力的，只有营销和创新。其他的都是成本。"如果你不会营销、又不会创新，你只会是公司的成本。如果你是老板，你会希望成本少一点还是多一点？

你的财富和你服务的人数成正比，如果你只是单纯的员工、上班族，你怎么提高你的效能、去服务更多的人？

你觉得老板都很抠吗？因为他们不知道你可以对企业有什么贡献。多数的老板，不太清楚要怎么样才能找出你的贡献，也不太清楚要把你放在什么位置——他们怎么会知道连你自己都不知道的自己呢？

如果你不想离开公司去创业，又想对企业、甚至对社会有贡献，顺便多赚个几十万几百万，你只有两条路：

★ 营销。

★ 创新。

以上是德鲁克认为企业中有生产力的项目。

你会营销吗？你知道全世界最强的营销之神是我的好朋友叫"杰·亚伯拉罕"吗？

我有绝佳配方噢！！想要中文营销"私房菜"？你也要学着如何找到我？并且让我愿意倾囊相授？

你知道全世界的营销学、成功学大师，大部分都源自于杰·亚伯拉罕吗？

你知道《心灵鸡汤》作者马克·韩森、世界第一潜能激励大师安东尼·罗宾、《有钱人想的跟你不一样》作者哈维·艾克，全是杰·亚伯拉罕的弟子吗？

你会创新吗？你知道每个人都可以创造出只属于自己、独一无二的创新产业吗？

我们乐意教你全世界最顶尖的营销，但我们必须非常确定你是Integrity且愿意对世界有所贡献的人。

这套功夫足以帮你赚进数百万美元以上的收入，如果你学会了，却又不是Integrity的人，那只会造成灾难。这就是Integrity如此重要的原因。

不过我们很难教你创新，因为创新不是教出来的，而是激发出来的——尽管创新可以被训练。

要激发出只属于你自己的创新能力，你必须回答接下来的问题。如果你Integrity、愿意真诚地面对自己内心的感受，你就会知道你这一生注定要完成什么事、想从事什么样的行业。

现在，我们要再度协助你打开大脑：

你觉得你衷心热爱的领域是什么？

_____

_____

你的兴趣是什么？你平常的消遣是什么？没有工作时都在做什么？

_____

_____

什么事是你不用他人鞭策，就自动自发去做的？

_____

_____

什么事是你一生中一定要做的？

_____

_____

以上的问题，是为了协助你找到你热爱的领域。

"热情"是你成功事业的第一个条件。

你的成功事业必须同时满足三个条件，缺一不可。"热情"是第一个要优先考虑到、也是最重要的。

你不热爱的事情，你不会觉得好玩；你觉得不好玩的事情，你不会持之以恒；遇到困难，一次、两次、三次，你就会放弃。

你有可能在一个领域达到顶尖，但你若不热爱，就算你的实力再顶尖、能赚的钱再多，你也会懒得做。NBA篮球飞人迈克尔·乔丹曾说：

"我成功，是因为我站起来的次数，比被击倒的次数多一次。

"在我职业篮球生涯中，有超过9000球没投进；输了近300场球赛；有26次，我被托付执行最后一击的制胜球，而我却失手了。我的生命中充满了一次又一次的失败，正因如此，我才能成功……

"我打篮球，是因为我爱打篮球，而打篮球顺便能帮我赚钱。"

他如果不热爱篮球，是不会越挫越勇的。

如果你不热爱某件事，能驱动你的不是贪婪，就是恐惧。

如果你不热爱上班，却每天硬要起床去上班，那驱动你的不是高额的薪资，就是害怕失去生活费的恐惧感。

如果你不热爱房地产，却去研究房地产，那你只是想赚钱而已，你为自己而战，而不是为贡献而战。

境外投资、股票、期货、各种金融市场，如果背后驱动你的不是热爱与兴趣，那就只会是贪婪或恐惧。

你必须钟爱一件事，你才会愿意花心力去研究它，然后了解它、熟悉它，最后成为该领域的顶尖人物。

致富的法则之一：从事你热爱的工作。

找个你热爱的工作，这样你工作时就会是快乐的。

找个你热爱的伴侣，这样你不工作时就会是快乐的。

如果你两个都有，那无论你工作或不工作，都会是快乐的。

如果你热爱的伴侣，也热爱你的工作，并且和你一起从事这份工作，那你无时无刻都会是快乐的。

正面追梦小故事

吕安琪是一名银行从业人员。

因为大学读的是金融系，加上家人认为金融业大有前途，所以她毕业后就进入银行工作。

但工作5年下来，安琪发现自己并不快乐。每天面对报表、数字、会议等，让她痛苦不已。即使好不容易熬了5年，终于累积到月薪35000元的待遇，可是32岁的安琪越来越有一种拿自己的人生在换钱的感觉。

她看着身边从事金融业将近20年的老同事，每天处理差不多的事务，似乎都在熬着最后几年等退休，安琪忽然觉得她一点都不想在这个行业莫名其妙地变老，于是兴起转行的念头。

但已在金融业近10年的安琪，除了储蓄、外汇、保险等，对其他东西一无所知。

她只知道自己喜欢画画，那是唯一可以让她从巨大压力中解放出来的事情，但她从小就被灌输画画没有前途、赚不到钱的想法，最后也只好顺应潮流把"学生该做的本分"做完，当一个父母眼中的乖乖女上班族。在金融风暴来袭后，公司遇缺不补，原本忙碌的安琪，还必须接手其他人的业务，每天早上7点就进公司，但天天加班到深夜11点。直到有一天，她感觉到原本就敏感的胃，今天特别不对劲，于是请假去看医生。

医生诊断是胃癌零期。

万念俱灰的安琪想着自己短短几十年的人生，到底在做些什么——快乐过吗？开心过吗？兴奋过吗？她惊讶地发现，自己长久以来都是为其他人的期望而活，从来不曾为自己的梦想努力过。

安琪不禁问自己：人生都已经走到这个地步了，难道我还不替自己活一遭？

于是安琪辞去工作，领了失业保险，搬出都市，重拾画笔，画出一张又一张她理想中的人生，并用文字在旁边写下她在人生第三十二年里，重新为自己而活的喜悦，并将这些作品放在网络上。没想到这些让人感动的图画和文字，引起了广大的共鸣。

安琪的作品让许多人开始重新思考人生的意义，更有许多人找安琪上电视节目。接着，安琪出了作品集。这些书的版税，足足是安琪过去收入的两倍，加上额外的通告收入、演讲邀约、卖画收入……安琪忽然惊觉，原来心底的梦想可以成就很多事。

当她快乐地从事她最喜欢的工作，很多事情就变了，吸引很多好人好事来帮她，她也就进入了梦想的正向能量循环里。

梦想成真的速度是安琪始料未及的，她开始鼓励更多人去遵循自己内心的梦想与渴望。

不可思议的事，有时就在你身边，就像幸福的青鸟。

成功事业的第二个条件：强项

创造成功事业的第二个条件是"强项"。

如果你是动物庄园的园长，你一定很清楚：小鸭鸭的强项是游泳，你就不该让它去跑步、爬树；小老鹰的强项是飞行，你不能用僵硬的标准去衡量它。因为你是人类，你很聪明，你一定知道这些。

就像学校用一个人的考试分数高低与是否拥有名校文凭去衡量他的优秀与否，社会大众用月收入高低或"资产"的多寡——更多时候其实是"负债"——来衡量一个人成功与否一样，这世上有很多被这种僵硬标准扼杀的小老鹰。

你要衡量一个人是否有价值，首先要考虑这个人是否Integrity？

违反Integrity的人，却很有钱、很有才能，那简直是会移动的灾难。

德鲁克说："尽管我们不能靠品格成就任何事，但没有品格会误事。"同样的道理，你在成功之前，首先要有品格——Integrity。

其次，是否对社会有所贡献？而你服务的人，是广大群众，还是只有自己？

"不务正业"而想快速致富、自己享乐的人，对社会当然不会有贡献——就像加勒比海上那些烧杀掳掠的海贼一样。

最后，你的优势领域在哪里？也就是你的"强项"是什么？

任何人都知道，小鸭鸭不会爬树，假设你要摘树上的水果，你会请小猴子帮忙，而不是小鸭鸭。

你必须把自己放对位置，才会有效能。而适合你的位置，一定是符合你的天赋专长的。

遗憾的是，许多人活了一辈子都不知道自己的优势领域是什么。学校也从不负责开发你的优势领域。更多时候，台湾学校只用"学业能力"去评估你的价值——就像园长认为小老鹰的强项没有用处一样。

你不该因为跑步跑得慢，就被他人认定是没有能力、没有才华的——因为你的强项可能不是跑步——你很可能是"小鸭鸭"。

你必须把自己摆在对的位置，符合你的兴趣和专长的位置，你才会做得开心，如鱼得水。

正如德鲁克常说的："年轻的知识工作者，应该早早问自己：是否被摆在对的位置上？"

所以，我们要请你找出自己事业成功的第二个条件：强项。

回顾你的人生，有什么事情是你做起来得心应手的？

_____

_____

你觉得你有什么技能，是不用特别磨炼，就可以做得比别人好的？

_____

_____

问问你的亲朋好友，他们觉得你特别擅长做什么事？

_____

_____

观察你周遭的人的工作和事务，有什么是他们感到很棘手，而你觉得你能轻松应对的？

_____

_____

在《航海王》的剧情中，路飞也知道：在进入"伟大的航道"、寻求"大秘宝"之前，一定要先召集一群好伙伴，而且这群伙伴，也一定要是各个领域的顶尖高手。

万丈高楼平地起，任何事情都一样。同样的，要进入富人"快车道"，一定要有稳定的现金流；而要创造稳定的现金流，就得先做自己热爱并且擅长的事。

或许你在踏入职场之时根本不懂自己喜欢什么、热爱什么，不了解自己擅长什么、做什么事最有效能，但随着你不断积累经验，就可以慢慢找到自己的天赋。

年轻人在迷茫的时候，应该多去尝试，并且失败的次数越多越好。因为失败本身就是成功的一部分，没有经历过失败的年轻岁月，是无法淬炼出智慧的。没有年轻时的这些风浪，往后的人生路上，有时候反而会更加辛苦。

要找到自己的优势领域，有几个步骤跟方法。你可以从过去的经历中得到，整理成功经验，进而发现自己做哪些事比较擅长，也可以透过一些步骤，更清楚地认识自己。

你或许觉得自己并不认识什么大人物，更不觉得自己有什么特别突出的表现，可是，请相信一件事：你一定有你存在的独特价值。

这就是德鲁克在《五维管理》中，首先提到的重要观点。

要管理他人、建立事业，首重"自我管理"。

你要了解自己擅长什么，应该专注什么，做什么事会比别人产生更大的效能。

现在就让我们把这些整理出来。

请写下你懂的知识有哪些？例如经济学、会计、统计、医药、英文等，任何专业知识都可以。

_____

_____

接着请写下你会的技能：例如安装或修理计算机、搜集数据、写文章、唱歌、化妆等，任何你觉得自我表现还不错的事。

_____

_____

请写下你拥有的东西，分两个部分来写：一种是你自己本身的特质——也就是无形资产——例如高挑的身材、美丽的容貌、幽默感、亲切感、善于聊天等；另一种是外在的物质——也就是有形资产——如有车子、摩托车、计算机等。

_____

_____

请写下别人曾经怎么称赞你：例如很会表达、善于沟通、谈判高手、成交高手、做事很有效率、减肥达人、超级感情顾问等。

_____

_____

请写下你认识的人，分为两类：一种是你很希望能够拥有他们身上的某些特质的人、成功的人、你欣赏的人等；另一种是你认识的朋友、同伴、同事等。

_____

你曾经做过的工作、表现如何：无论是短期、长期、兼职、全职、创业还是别的，都可以，表现如何请用一句话描述。

_____

_____

你扮演过的角色、表现如何：例如父母、儿女、职员、班级干部、学校干部、上司、下属等，表现如何请用一句话描述。

_____

_____

你喜欢的事物有哪些？平常的兴趣是什么？去得最多的地方是哪里？关注最多的焦点是什么？例如摄影、打篮球、美食餐厅、旅游、育儿方法等。

_____

_____

经过上述步骤，你在心里会慢慢整理出一个轮廓，并且找到交集。下面以我的回答给大家提供一个范例。

我黄祯祥专长的领域有房地产投资、演讲、谈判、营销，我认识许多老板与媒体。

很多人表示被我激励后改变了生命轨迹，做过房地产、带过组织，也会创业。

扮演过父亲、丈夫、上司、下属的角色。

一旦我全心投入，就能做得非常好。

平常会关注球类运动与教育方面的相关信息。

于是，我开始发现"沟通""业务""谈判""营销""训练别人演讲"是我的强项，而这正是我可以分享给别人的部分。

我知道自己不是一个完美的高级行政管理人才，但是对于业务上的绩效管理，则是强项，所以我可以选择一个市场，切入各领域的业务训练，并且用各式资源打造个人品牌。

而我的伙伴"草大麦"善于"分析""整理""观察"和"文字工作"。他的影片剪辑尽管各方面都还在磨炼阶段，但我们很快发现，他在"陌生开发"上有很大的进步空间，所以一级业务战区暂时不会有他的位置。

他所不喜欢的正好是我及其他伙伴比较擅长的，他所擅长的"整理"也是我需要更多提升的部分，因此两人可以很好地配合。此外，人脉资源王王宝玲董事长，再加上多才多艺的Aling、允诚、相辉、士轩、柔柔，才有今天你手上的这本书。

找出你的天赋强项，再来的任务是：强化它！

你必须不断地强化你的强项，不断强化、不断磨炼、不断累积经验值，你才会成为顶尖人物。

德鲁克认为，你若想要成功，你要做的事，就是不断强化你的强项，而不是强化你的弱项——除非你的弱项严重到会妨碍你发挥所长。

就像小老鹰擅长飞行，它必须不断地强化它的飞行能力，假以时日，它就能成为飞行领域中的典范。你看过哪只老鹰在水里学自由式？

如果你是小鸭鸭，你的强项应该是游泳，而你却努力强化自己不擅长的领域——比如跑步或爬树。你不但不会成为全才，反而是样样都通、样样都松。

正如德鲁克所言："没有所谓的'优秀人才'，在哪方面优秀，才是重点所在。"

你在哪个领域特别优秀，就必须强化你的那个领域。

然而，你看我们台湾学校的考试制度，第一，它的考题通常对社会没什么贡献度和实用性可言；第二，用全部科目的总分来评估一个人"优秀"与否，是非常莫名其妙的事情。

假设有一个学生叫小明，他其他科目都很差，但唯有语文特别精擅。小明很可能所有科目加起来的总分只有100分，因为他只能在语文考试中达到100分，而其他科目都是0分；但如果语文的满分为1000，他可能可以达到999分，但其他各科都很"精擅"的学生，加起来的总分可能都比不上小明语文一科的分数。因为人的心力与时间有限，不可能在每个领域都成为顶尖，何况还要生活喜乐。

当小明专精于国文一科，假以时日，他的文学造诣、在文字工作领域的功力，将足以替他创造最少一项的现金流。

真的每个人都要去考托业（商务和职业英语考试）、考托福（英语能力考试）吗？你擅长学习英文吗？英文不好，真的会妨碍你发挥所长吗？纽约的乞丐英文也很好啊，不是吗？

你必须常常思考这些事——如果你想要成功的话。因为人的时间有限，你必须把时间花在投资报酬率最高的领域上。

只要你找到自己的天赋专长，并致力强化它、磨炼它，让它发光发热，你就达成了成功事业的第二个条件：强项。

成功事业的第三个条件：经济效益

第三个条件是"经济效益"——就是会有钱赚，刚开始也许不是很多。

许多人赚钱，往往是：

"这个看起来好赚，所以我去赚。"

"澳洲打工看起来好赚，所以我去赚。"

"百大企业看起来好赚，所以我去应征。"

"公务员看起来很好赚，所以我去应考。"

千千万万人只考虑经济效益，却没有考虑到前面的两个条件：热情和强项。而且在赚钱方面，既没有考虑是否对社会有所贡献，也没考虑为什么要赚大钱，甚至不知道有多少方法可以产生经济效益。

你不知道你是否有热情，你也不知道你是否你是否精擅，你甚至不知道是否可行。

"经济效益"指的是可行性、实务面、现实考虑。

例如，许多艺术家热爱画画，同时擅长画画，却没有任何经济效益，收不到钱——那就要找到一个优秀并且与这位艺术家互补，热爱当经纪人的伙伴帮忙收钱，否则就会无法得到温饱。

社会型企业在聚焦于对社会的贡献之余，也要兼顾经济效益，否则就只是公益慈善。

所以，在找出"热情"和"强项"的同时，你还必须想出一套可行的获利模式——思考如何让大家都赢。

我们要协助你发挥创意，找出你独一无二的成功事业。

你热爱的领域有经济效益吗？如果没有，你要如何让它产生经济效益？

_____

_____

你专精的领域有经济效益吗？如果没有，你要如何让它产生经济效益？

_____

_____

承上述两题,为什么你认为你的方式,会有经济效益?

_____

_____

请你发挥创意,去想一套大家都赢的游戏、一个可行的获利模式。

_____

_____

写完了吗?

问题,都是为了帮助你找到属于你自己的成功事业。

房地产好赚,所以我去赚;某张股票好赚,所以我去买;境外投资好赚,所以我去赚——以上这类获利思维,和"得胜成功"一点关系也没有。

唯有不断创新,让你的大脑习惯思考,你才会得胜成功。

而上述三个条件,是激发你创意的基础。

收入的多重来源:新知识经济时代来临

单就经济效益的层面来看,其实有非常多的选择。

彼得·德鲁克曾在其《真实预言——不连续的时代》一书中提到第二知识职业的重要性。

换个角度来看,也就是打造多重现金流。财富是需要管理的,你的收入与现金流也是。一般来说,我们把收入归纳成四种:

1. 用时间与健康换钱:TIME WORKER

简单来说,只要你停止工作就没有收入,如SOHO族,包括大部分上班族,如中学老师、教授、律师、会计师、医生等,都属于这种。

2.用钱与时间换钱：MONEY WORKER

举凡股市投资人、债券投资人、基金投资人、入股餐厅或公司的投资人、房地产投资人等，只要是拿出你自己的钱，但实质上不是因为你的其他劳力付出所造成的收入，就属于这种。

3.用别人的资源换钱：RESOURCE WORKER

简单来说，合伙创业是其中一种。你用别人的时间、别人的钱，与别人合作、用别人的资源，然后换取自己的收入。

4.建立一套系统赚钱：SYSTEM WORKER

建立一个简单、可被轻易复制的系统，让大家加盟、让大家都赢。麦当劳之父——雷·克拉克、星巴克之父——霍华德·舒尔茨都是很好的案例，我们成资国际也是高手喔，是正统的B&V/美国642系统代理。

并没有哪一种工作模式可以赚得比较多或比较久。如果你是一位刚从法学院毕业、考上执照的律师，你的收入不一定会比在路边摆摊卖衣服的年轻女孩高；但如果你累积了一定的资历、经验，拥有高曝光率，那么你的收入可能就比较高。

你可以自由搭配你所想要的收入模式与投资报酬率。没有对与错、好与坏，这攸关你自己的喜好与选择。

但的确有些搭配组合，可以让你比较轻松地赚到钱，并且也能够持续得更长久。

不同行业的从业人员，都有不一样的工作型态。更详细的分类，可以参考《穷爸爸富爸爸》系列丛书，在这里只是做个简单的分类。

在《穷爸爸富爸爸》系列丛书中，罗伯特·清崎的富爸爸提出"现金流象限"的概念。

E象限（Employee）：

你拥有一份工作，用自己的时间、劳力换金钱。

★ 军人、公务员、教师、高级专业经理人、一般上班族属于E象限。

★ E象限的人受雇于系统拥有者，为老板工作、为企业工作。

★ E象限的人收入稳定、加薪稳定，但成长幅度缓慢。

★ E象限的佼佼者几乎没有方法避税节税。

★ E象限的人只要一停止工作，收入就会中断。

S象限（Self – Employee）：

你雇用自己，用自己的时间、技能换金钱。

★ 自己开一间诊所的医师、开一家自助餐厅的老板、开一家会计事务所的会计师、夜市摆摊的摊贩、个体户SOHO族、某些领域的业务员、大部分直销业者、大部分明星都属于S象限。

★ S象限的人有特殊的才能，受雇于自己，用自己的专才去赚钱。

★ S象限的人收入不太稳定，可高可低。

★ S象限的人拥有某种程度的时间自由，他们受雇于自己，可以自己决定工作时间。

★ 大部分S象限的人只要一停止工作，收入就会中断，但也有例外。

★ 有些S象限的人会以为自己是系统拥有者，但他们不是。

★ S象限与B象限的其中一个差别在于：前者不工作就没有钱流进口袋，后者就算不工作，金钱也会源源不断地流进来。

★ 组织营销（多层次直销）可以属于B象限，但大部分组织营销从业人员不懂系统组织，会做成S象限，当他们一停止工作，收入就会中断。因此在组织营销的领域中，有没有一套可以产生自动化工作的系统就是S象限能否转化为B象限的关键。

★ 当S象限懂得运用系统时，便能逐步跨入到B象限。例如，畅销书作家运用知识产权保护法赚取源源不断的版税。

B象限（Business Owner）：

系统拥有者建立系统，用他人的时间、技能或劳力换金钱。

★ 建立系统的企业家、开放加盟的连锁企业家、网络系统的创建人、组织营销、建立渠道者属于B象限。

★ B象限的人雇用E象限与S象限的人。

★ 当B象限的人拥有一个稳定且优质的系统之后，即使不工作，收入也会源源不断，从而实现财务与时间自由。

★ 部分B象限的人对I象限的人负责。

★ 连锁加盟企业属于金钱成本较高的B象限，他们建立一套有效的系统，开放加盟，让他人复制自己的系统，扩展渠道。

★ 组织营销属于金钱成本较低的B象限，他们学习、复制出更多的领导人，借着已被证明成功有效的系统来建立团队。因此，一套有成果、专业、在领域中已是典范的教育训练系统就非常重要。

I象限（Investor）：

金钱拥有者，让金钱为自己工作，用自己或他人的金钱换钱。

★ 房地产投资者、境外金融、股票、大宗商品、期权、贵重金属、基金、资产信托等，都属于I象限领域。

★ I象限的人熟知金钱的历史、法规和"游戏规则"。

★ I象限的人需要大量的本钱，才有机会赚到大钱。

★ 品格不良的人拥有大量的I象限资源，会引发金融灾难。

★ 从E象限或S象限直接进入I象限的人，常怀着贪婪和恐惧。

★ 如果没有稳定的B象限系统，贸然进入I象限是非常危险的。进入I象限必须稳扎稳打，先把系统建设起来，拥有稳定的现金流，再谈投资金融衍生性商品，而且要把焦点放在经营团队的品格与能力上。

你可以选择你最想要的生活模式，我们将以上的特性整理出来，你也可以思考一下什么样的生活会让你最快乐。

在每一种收入类型中，你所需要学习的技能都不相同。

彼得·德鲁克曾在其著作中多次提到知识经济的到来，也提醒世人知识工作者所带来的转变。现在的"共享经济"就是知识经济的创新结果。

事实上过去数十年来，经济变化也正如其所言，产生质变与量变。

台湾的经济形态，在短短数十年间，从传统农业，转变为技术主导的工业，再到现今以各种知识挂帅的科技业，进入技术、知识、服务大融合与大数据、大平台的新时代。

彼得·德鲁克在其《不连续的时代》里提到，"知识工作者不是劳工，也非无产阶级，但仍然是受雇者"，其仰赖薪水、退休福利和健保为自己创造稳定的生活。

然而，彼得·德鲁克也直言，社会现实的观点为"现今的知识工作者其实是昨日技术工作者擢升的后继者"。因此，我们观察到，现代大学毕业生期待的收入与雇主提供的薪酬之间产生极大的落差。这些即将进入或已经进入社会的知识工作者们，受过高等教育，期待自己成为"专业人士"。但这些雇员们的想象，却与管理者的期待有着极大的落差。甚至，许多我们眼中的"知识工作者"，已经沦为早期的技术人员，必须不断地付出劳力、时间、健康、生命，换取微薄的收入。

彼得·德鲁克直截了当地说："大多数知识工作者并没有领悟，他们是在有发展且待遇丰厚的工作，与耕作除草每天做16小时却只能勉强度日的工作中选择。"意思是，现今的知识工作者虽然带来社会上极大的变革，然而，当所谓"知识工作者"不愿意提升自己、持续学习，那么世人眼中受过高等教育的这群知识工作者，其实与在农地、矿场里辛苦工作并没有什么不同。

科学管理之父弗雷德里克·泰勒先生曾经提到："知识分子认为工作是理所当然的事。想要更多产量，就必须延长工时、努力工作。但这样的想法是不对的，要有更多产量的关键，应该是'聪明地'工作，有思想、有信仰地工作。"

你若要选择成为一个LIFE WORKER，在职场上获得更多的收入，你就必须比一般人投资更多在自己的思想判断上，让自己发挥最大的生产力。

你可以开始思考：

★ 你现在做的工作是不是不需要大学毕业也能做？AI人工智能可能取代你吗？

★ 你现在的工作是不是必须大量、重复且辛苦地做？

★ 你现在的工作是不是几乎用不到专业技能？

★ 你现在的工作是不是随时都可以被取代？

★ 如果答案是肯定的，那你必须思考自己的工作与以往在农业社会与工业社会有什么不同？

你或许期望透过累积资历获得加薪，可是，你想一想，是不是永远都有新一批的大学新鲜人或者行业新人愿意用比你要求更低的薪资来取代你，永远有人愿意比你更多地牺牲家庭、健康、生命来换取工作？

你不是不能获得更高的报酬，你要更聪明地工作！

首先，要加强的就是专业技能，甚至拥有两项以上的专业技能——这能够帮助你在职场上有所突破。

单一专业性人才已经不足以让资方付出高额的薪水。资方期待的，是一个能够处理至少跨越两种领域的复杂问题的人才。（我们进入国内市场也需要找到跨界联盟的高手、合作伙伴。）因此，如果你想获得高薪，你的专业知识就必须有非常强的"独特性"，而且是一般人无法取代的。

"勉强应付"工作不会让你的收入提高，更积极主动地出击才拥有制胜机会。

此外，你是否曾经思考过，如果你持续现在的工作，20年后，你会成为什么样的人？你能够轻易退休吗？如果你的薪资不足以让你退休，甚至连自己都看不见未来，那么你为什么还要持续现阶段的状况？

彼得·德鲁克直言："我们应该缩短年轻人开始知识工作前的教育年限。"

在我们看来，他的话是提醒世人，为了避免知识分子与企业主和社会产生过大的落差，应该尽早接受社会教育的洗礼，并且全方位地学习。

专业技能不断精进的同时，还要学习把知识融入你的技能之中。

你必须学习站在"老板"的角度思考，如此可以帮助你获取得到更高薪水的机会，你要学习成为这些企业家的"另一颗脑袋"，帮他们解决问题，他们会爱死你。

如果你选择成为一个MONEY WORKER，你同样必须累积你在相关领域的专业知识。

如果你投资股票，你必须了解这家公司的运作、组织管理、获利模式、会计报表……当你越熟悉一个公司的管理与业务，你就越容易判断其管理是否会对财务造成重大冲击并影响股价。

识人的能力也极为重要，一个公司的管理层如果不具备好的管理人才，再光明的产业前景与产品，也无法让你的投资报酬率提升。

如果你投资的是房地产，那么经验、资金与谈判功力就成为你的致富关键。

"投资"并不是一种能让现金自动流进来的懒人致富术。相反地，你甚至需要比一般知识工作者花更多时间做全方位的研究。从总体经济形势、国际形势、趋势判断、政治角力到公司治理、产品规划等都要有所涉猎，才能在投资市场里获得稳定的报酬。

而最重要的是你必须拥有控制情绪的能力。

沃伦·巴菲特曾说："别人恐惧的时候，我要贪婪；别人贪婪的时候，我要恐惧。"

综观股市里真正能赚大钱的常胜军，往往都是有钱的企业家，而其中真正的关键，是因为他们历经企业草创的洗礼，见过大风大浪，历练比一般的上班族更多，加上他们掌握企业界的最新动态，自然能够精准地判断何时该进场、何时该收手。

因此，如果你真的想在投资界里赚进大笔财富，先去经历一段创业人生，或许更能帮助你精准判断。新加坡前总理建议：加入一家优质的直销公司学习创业，才是完整又性价比高的创业训练。

我们的B&U./美国642和1636系统商学院是你创业、连锁的最佳伙伴。

RESOURCE MAKER和SYSTEM WORKER是难度最高，但也是藏有最大财富的致富途径。

你可以用自身最少的资源，创造最大的绩效。

以管理学的角度来看，这样的效能是极大的。

但一个真正成功的RESOURCE MAKER和SYSTEM WORKER，通常需要经历无数次的成功与失败，才会累积最大的能量，创造大量的财富。

85℃的吴政学、王品戴胜益、阿里巴巴马云也都是，如果不是拥有20年成功与失败的经验，也不会有后来成功上市的结果。

身为一个创业家，你必须具备良好的沟通力、判断力、执行力、领导力与资源整合能力，你将会度过一段惊涛骇浪的旅程。可是也因此，你将拥有比别人更多的宝贵经验。这些经验将会是你一辈子珍贵的资产，在往后的几十年里，也有可能帮助你创造惊人的财富。就像后来马云和蔡崇信的慧眼识英雄，都是经验累积的结果。

创业不会一开始就让你赚到钱，但你在创业过程中所学的事物，将是多少钱也买不到的财富。

无论你的选择是什么，刚开始收入来源越多样化越好。

在大环境不景气的前提下，我们无法准确地预知未来哪个行业会兴起，哪个行业会没落，哪个市场会崛起，哪个市场会衰退。日本经济也曾傲视全球，许多日本企业家甚至能够大手笔买下美国博物馆内的馆藏，但从什么时候开始，日本经济已经衰退了30年，甚至不见好转迹象，而韩国则蓄势待发，下一个时代又会怎样呢？

科技业在台湾也曾经风光一时，带动台湾经济成长，后来最热门的行业是观光旅游业，接着又变成餐饮业？2018又进入AI、生技、健康基因大数据等。

生活产业也将更加抬头，买下"台北101"的是卖方便面、卖饮料的顶新国际集团，买下"中时集团"的是卖仙贝的旺旺集团，你看到什么？无关对错，关键在于你观察、记录了什么。

发展多重现金流的原因只有一个：为了确保你在任何环境、任何经济形势、任何状况下，都可以有稳定的收入。如此一来，你不必担心不景气时被裁员，不用怕一个人时间有限而无法多接工作。

另外，我们可以把投资报酬区分为两种：

★ 一次性收入LINEAR——花一次力气，只能得到一次收入。

★ 多次性收入RESIDUAL——花一次力气，却能得到多次收入。

用劳力换取金钱，虽然是花一次力气，可是依然有机会能够获得一次性的高收入。但我们要谈的观念是，只要你肯思考如何"创造价值"，仍然可以获得很高的收入。

用劳力换取金钱，也可以只花一次力气，就获得多次收入，畅销书作家就是很好的例子。

《哈利波特》的作者J·K·罗琳女士给了我们最好的示范。她原先是个失业妈妈，甚至不能算是个"在工作的人"，但她热爱写作，把写作当成她的志向，最后《哈利波特》一炮而红，罗琳女士也成为英国史上最富有的作家。

她花了"一次力气"写作，但是后续的书籍版权收入、电影版权收入、各式品牌授权，让她不用再工作，就能拥有源源不断的收入（但是有高取代风险）。

投资者的收入，也有一次性与多次之分。

若你是专攻短期的投资者，专做股票差价或是房地产买断差价的投资者，你的收入来源就是目标物的价差，这种就算是一次性收入；但如果你是股票的长期持有人，参与每年的配股与配息，或是长期持有房地产，专门做租赁，这就算是多次性收入。

一般来说，超过半数的大钱，其实都藏在长期投资里。但长期投资的资金需求量大，你必须有更大、更多、更稳定的现金流，才能在投资领域赚到大钱。否则，短期投资的风险与变量大，万一碰到短期亏损，很可能让你心情起伏不定、焦躁不安，从而丧失精准的判断力。这是你必须衡量与斟酌的。

如果你选择的是创业，有些人专门成立公司然后卖掉，这种就是一次性收入；如果你是想办法经营你的企业，并且创造产品的持续竞争力，那么就算是多次收入。

并没有哪一种收入会绝对带来比较高的收益，这一切都取决于你选择后，是否有优良的经营策略与判断力。

赚得多与赚得少的最大差别，就在于你是否有足够的经验。过去的经验能够帮助你做出好的决策。但我也要提醒大家，很多时候，新进入一个领域，过去的经验就不再适用，反而有可成为你的绊脚石。此时，你需要的是一个好的教练。好的教练能够减少你完成目标的无效时间花费，而这就是致富方程式的一部分。

如何打造多重现金流

假设你是一个没有太多资源的社会新鲜人，并且你算好你能自由退休所需的财富是"存款2000万（新台币）"，加上日常生活、买房所需的费用是2000万，那么你这辈子全部要赚的钱就是4000万。

你可以选择先从上班开始累积第一桶金。你应该自行判断，如果靠单一的上班收入，要花多久时间才能赚到4000万？

如果判断结果是"不可能"（按平均工资水平在平均寿命内赚不到4000万），那么你要开始思考：累积第一桶金之后，我应该如何使用这笔资金才能发挥最大的效能？或者如何用别的方式赚第一桶金？

我校有一个学生，大学毕业后工作3年，累积了20万存款，他后来决定选择房地产作为自己的致富工具。于是他利用下班时间，用三个月，看了100间房子，然后开始归纳出一点心得。

但台北市的房价太高，不是入门者的他可以负担的。于是他选择较为偏远的文山区、树林地区作为起始点。

他在进场之前，用了一个月的时间，研究台北市、文山区、树林地区的房价、人口购房特性与产品特质，然后在选定第一间目标物后，向母亲借了100万作为头期款，开始实质操作房地产的买卖。

6个月后，这间房子让他净赚了50万，等于他用20万的资金，在6个月内创造了2.5倍的绩效，开始了他多重收入的第一步。

另一个案例，是一个35岁的单亲妈妈，碍于有两个孩子要养，不敢轻易放弃月薪45000元的工作，这样的收入在台北要养活两个孩子，压力实在非常大。但她没有因此退却，而是开始思考如何打造第二份收入。她曾经考虑多上夜班工作，也曾想过在假日的时候多做两份兼职。

有一天她来问我，我给了一些建议之后，她忽然顿悟了：就算她拼命地工作，在她有限的生命里，也根本无法致富，退休过好生活。

由于她与孩子们都热爱美食，但孩子又对食物十分敏感，只要吃到含乳制品、防腐剂或是人工添加物的产品，遇到食材不新鲜的情况，就会全身发痒。于是这个母亲为了孩子，也为了省钱，经常做各式各样简单、美味、营养又实惠的料理。她决定开始研究真正健康的烹饪食谱。

她不是营养师、医生或任何专业人士，但她却愿意在忙绿的生活中，利用时间，全方位学习有关营养与成分的知识，最后甚至考到了营养师资格证，甚至还出了书。

她的书推出之后，造成极大回响。渐渐地，书的版税加上演讲收入，就可以让她的生活收支平衡。于是她计划再出第二本、第三本书，让更多人可以接触到真正健康的观念，同时也打造自己的多重收入。

初期，她花了两年研究营养与烹饪这个领域——虽然工作时间很紧、很忙，还要照顾两个孩子，几乎没有空闲时间。

她也曾经思考过放弃，可是每当她出现这个念头，就问自己：如果放弃了，我会不会后悔？这样的生活我快乐吗？

她惊讶地发现，虽然很忙，可是心里却有一种平安、宁静甚至富足的感觉，于是她决定继续坚持下去。也正是因此，她才有后来的成就与收入。

你或许会说："我不懂营养、不懂烹饪、不爱美食、不懂房地产，我怎么有办法打造多重现金流？"

关键不是你懂或不懂，而是你"愿不愿意""有没有决心"。

这世界上一定有让你感兴趣与热爱的事物，甚至，你买最多、花最多钱的地方就有可能打造你的第二收入，可能是酒、蛋糕、衣服、内衣、书、CD……你或许从来不觉得这些娱乐或这些事能让你有收入，可一旦你开始"想"，就有可能成为事实。因为"热情"是你成功事业中的一个关键。

只是有一个很重要的前提，就是你必须真的热爱并且愿意全心投入。

有的人会说："有兴趣不等于能赚钱，当一件事情变成职业的时候，这件事就会变得痛苦了。"

"真的热爱"的审核标准只有一个，就是：如果不给你钱、不付你薪水，你还会坚持做下去吗？如果不会，那你不是真的热爱这件事。如果是，这才是你应该专注的领域。

更何况，请思考一下，你真正热爱现在的工作吗？如果老板不给你钱、不帮你加薪，你还会愿意坚持做下去吗？我想超过九成以上的人会回答不愿意。但如果你可以为了生计苦撑现在这份工作，又何必怕你真正热爱的事变成一种职业？

睡觉时会有收入吗

这其实就是我们前文所提到的，你是付出一次努力而获得一次收入，还是一次努力而获得多次收入？

有的人会惊讶：睡觉也能有收入吗？

答案是肯定的。想想看各个电子商务平台上的那些卖家，在他们睡觉的时候，有多少人浏览过他们的网页、下单购买东西？当你睡不着的时候，或许也曾替这些卖家的收入贡献过几分努力呢！

还有，你是不是也曾在半夜的时候逛过24小时书店、网上书店或者一些知名作者的博客，买了几本书？这些作者们，不也是在睡觉的时候，获得你贡献给他们的收入？

三更半夜肚子饿的时候，你是否曾到便利商店买个豆浆、零食或饭团？便利商店、食品制造商、饮料制造商的老板，不也都可能在睡梦中赚到你的钱？

你租房子的时候，房东不需要出现帮你整理被子、打扫卫生，可是你每个月也乖乖地主动付房租不是吗？

又例如，网络是门好生意，想想看网购崛起之后，打造了多少团购人气名店？开一家店在台北忠孝东路与复兴南路，每日经过店门口的人次，可能都没有网络商城一天的浏览率来得多。但如今网络商城的门槛越来越高，你必须更聪明地营销，才能打败众多竞争者。

所以答案是：睡觉的确会有收入，只是用什么方式经营罢了！

我们要强调的是，任何生意、任何收入初始阶段，你都要亲力亲为，才有可能打造出"睡觉也有收入"的模式。

当你对第一份收入驾轻就熟，开始准备建立第二份收入时，你要花费百分之八十以上的时间与精力在第二份收入上面。

所有的成功都不是一蹴而就的，有时甚至会经历很长一段时间的潜伏期。这些经历有可能被你视为低潮，但请相信这是为你第二份、第三份收入所做的必要的准备。

有一个人在年轻时投入房地产领域，赚过大钱，有过亿身家。35岁破产，破产之后，一度不能理解自己的人生怎么会这么失败？随后却碰到很多奇妙的人与事，又辗转许多国家，最后到了新加坡，开启了多重收入的生涯。12年前他才回到台湾，用学到的新技能加上旧产业革命再次从台湾房地产领域赚回"第一桶金"。

最终，他终于懂了。过去的经验与低潮，是为了让自己学习，是为了让下一阶段的自己，可以作出更精准的判断。

这就是我，黄祯祥。

失败是非常可贵的经验，只要我们从中学习到自己性格上的不足与失败的原因，并且找到可贵的人才支持你，下一个阶段，就可以开创另一个事业高峰。

独一无二的成功事业

我们之前让你看了三张牌，现在该是掀底牌的时候了：什么是你独一无二的成功事业？

你的成功事业是专属于你的，全世界唯一的，没有人可以偷走或模仿的——只要你愿意遵照我们的方式行事，并认真和我们互动。

刚开始你的成功事业必须同时满足三个条件，缺一不可：

★ 热情：你愿意投注最多时间的领域。

★ 强项：你时间投资回报率最高的领域，而且你极有机会成为领域中的典范。

★ 经济效益：让你保有时间、钱——至少能活下去的领域。

这叫"柯林斯的刺猬原则"。我们在这里提供了关键词，你可以自己在网络上了解这个最顶尖的致富法则之一。

刺猬原则是你成功致富的关键之一，在Integrity、聚焦于贡献与服务、问"为什么"之后，你就要找到属于自己的刺猬原则。这是你独一无二、无可取代的优势领域，让你由衷感到很好玩、很酷、很有实用价值的成功事业。当你从事你的成功事业，你会感到很开心、很有成就感，而且赚很多钱。所以，我们要协助你找到自己的优势领域，在你心中种下"很好玩、很酷、又很实用"的种子。

请你画出三个圈圈，上面一个，下面左右各一个，让三个圈圈各自都有一部分和其他两个圈圈重叠，最中间是三个圈圈同时交叠的部分。然后在第一个圈圈填上"热情"；第二个圈圈填上"强项"；第三个圈圈填上"经济效益"，当然，你也可以"想办法"。接着，请你分别填满这三个圈圈。

这三个圈圈可以让你觉得工作很好玩，让你成为世界最酷的人，让你创造出对世界有实用价值的事。

三个圈圈中间重叠的部分，就是你的成功事业——独一无二的成功事业。

刺猬原则的三个"圈圈"可以应用在许多领域。以《航海王》的艾尼路为例，艾尼路拥有：

★ 响雷果实的能力。

★ 见闻色的霸气：心纲。

★ 武术。

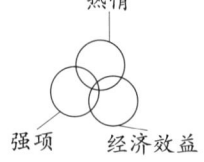

虽然靠响雷果实这种自然系果实，他的攻击力、速度、防御力都是最顶尖的，但他如果只是依赖响雷果实，路飞也不会陷入苦战。正因为他拥有至少三种领域的才华，他的实力才如此雄厚。即便是在"新世界"，大概也很少有人能和他匹敌。

你也可以靠着三种领域的融合，发展出专属于自己的优势领域。

就如同路飞结合橡胶果实、武装色霸气、三档一样，创造出专属于自己的撒手锏"象枪乱打"，其破坏力足以毁灭诺亚方舟！

路飞很酷吗？你也可以这么酷！

再举个例子，有许多小女生年轻貌美，身材姣好，不知不觉就被媒体称为"网红""宅男女神"，并开始接一些模特儿、外拍或通告。

但"年轻貌美"只是这些小女生的其中一项强项，而且会随时间渐渐消逝。她们若想要事业长长久久，就必须尽快找到其他的强项，打造出独一无二的优势领域。她们可以学习舞蹈、唱歌、表演或主持，成为某个领域的艺人，或者从写作或绘画等领域着手，成为美少女作家或美少女画家。而这是她们的第二项强项。当她们拥有两项强项时，再添增第三项，就能创造别人无法模仿的优势领域。

不过，最重要的还是核心价值观与是否Integrity。哪怕一个女生再美，再有才华，如果无法对社会产生贡献，传递正面的能量，那就只会像商纣时代的苏妲己一样，被冠上千年骂名。

再以我们为例：

★ 我们热爱航海王，也热爱房地产。

★ 我们的强项是全世界最顶尖的华文教育训练系统，而且都是在实战中被证明有效的方式，我们善于实战、建立系统与组织营销。

★ 我们的经济效益众多，我们可以仅靠自己的强项轻松赚进大把钞票，而教育训练仅仅只是营收的最小部分。

当我们结合所学、结合强项、结合热爱的事物，财富密码《当富拉克遇见航海王》本书台版书名系列丛书就诞生了。

这很好玩、很酷、又很有实用价值。这就是创新，这就是只属于我们的成功事业之一。

创新的七个来源

那么你的机会是什么？你要怎么做才能提高自己的竞争优势？如何成为一个知识型的创业富翁？

彼得·德鲁克提供给我们七个"系统化"创新的方法，这七个方法，无论你用在创业还是个人成长、发展第二或第三专长之上，都会是非常值得参考的指标。

创新当然也需要管理。首先你必须明白自己"创新"的目的是什么？是为了钱、职涯发展、名誉或是其他欲望？但成功的创新者，应该试着去创造社会和客户的价值，专注于自己的贡献。

根据德鲁克的论点，创新不需要艰深的技术或学问，可能只是一点点人们习以为常的习惯上的改变，就是一种创新。

而即使是这种看似微不足道的创新，背后庞大的利益、社会贡献与商业价值，也是我们无法有效衡量的。

身为知识型富翁的你，也一定会从中获得启发。

来源一：意料之外的事件

不管你是上班族还是创业家，在工作过程中，都会有意外出错的时候。技术人员常常会有深刻的体会，有时一些意外，可能刚好解决了一个麻烦的病毒，或是让人类的生活有重大改变，例如现在最火的共享经济。还有便利贴的例子。因为工程师不小心调错了黏胶，把原本很黏的胶水变得不黏了，造就了便利贴的上市热卖。

在工作的过程中，会有意外的惊喜、意外的挑战、意外的不开心、意外的升迁……但每一个意外都可能是你在工作上、创业中创新的机会，你得让自己保持开放的心胸。

如果你想成为知识型富翁，请观察你所选的产业，是否"有意外的成功"或是"意外的失败"。

例如，房地产投资领域，原本要歌功颂德这个产业，才能让你的企业成功，但是台湾某知名网络红人，常曝光房地产的黑心内幕，后来因为政府调控房地产，就出一本书试试看，结果意外地出了名，同时，他所经营的不动产公司，也因其正直闻名，意外地成功。

你看事情的眼光，如果切中了市场上被忽略的客户，有时也会取得"意外"的成功，成为别人学习与仿效的对象。

来源二：不一致的状况（别人做得不够好）

这个部分包含经济现况的不一致、认知与实际情况间不一致、价值与期望间不一致、某个程序的步调或逻辑所发生的不一致，也可能是你与老板工作认知的不一致，你的客户与你期望的不一致。

举个例子来说，某家知名银行在处理客户房屋贷款缴款的问题时，催收人员没有发现客户实际上是有余额可以扣款的，结果导致客户被扣缴违约金。

由于银行的专业账户烦琐又复杂，造成客户与银行工作人员间认知上的不一致，若能改善这种不一致的状况，就能提升银行的客户满意度，进而增加业绩。

其实这正是大公司最常见的毛病，分工部门过细，员工仅做自己部分的工作，却没有人真正考虑客户的权益。如果你身处在某间大公司，就必须注意这种状况！

组织越大，就越容易产生不一致的状况，当你发现身边某些客户对于公司的某些服务感到不满，此时多半是因为在相关方面出现了不一致的状况。

前面说到的那个网络红人，透过曝光房地产内幕，并且出了一系列相关书籍，为社会不满房地产业者的一群人产生贡献，同时替自己创造收益，正是抓住了房地产市场与客户间期望的不一致的结果。

如果你身处食品行业，揭开食品加工业的真正内幕——比如日本的安部司，或是养殖业的真正内幕，等等，都有可能令你成为知识型富翁。

来源三：程序需要（直接发掘客户的渴望）

如果你是一个锅具销售员，一般的销售程序是展示这个锅具有多好用、多耐用，并提供烹饪菜品试吃，取得客户认同。但根据我们的观察，这样的展示效果非常有限，客户不一定会购买，价格也是重要因素。

大多数的客户都有一种感觉：业务员只想着"成交"！

但是如果这个销售员提供给客户的是一种体贴和关怀，真正关心其健康、日常饮食、体态需求等，进而给予协助，这样，客户购买产品的概率会大大提升。

一个戴隐形眼镜的客户，对于日抛、周抛、月抛或者长效型的隐形眼镜，都已经感到厌烦，因为除了必须注意清洁问题，还需要注意自己的眼睛的状况，但难道没有一种眼药水或眼药膏，可以达到类似隐形眼镜的效果，同时既可以避免干眼症，又能顺便保养眼睛？

其实已经有科学家研发出类似的产品，而这背后庞大的商机，可谓惊人。

如果你能找出生活中许多产品在使用上的不便利，并加以改良，如改造其制成、使用方法，你就有机会变成知识型富翁。

来源四：产业与市场结构

这是指外部的环境变化，生意大都与此息息相关。

如今，人们的衣、食、住、行、育、乐等相关产业，纷纷出现量与质的转变。以减肥市场来说，整体金额预计最少上升数十亿百亿美元，但谁是你的客户群？哪一种方法是真正能够"创造客户"并获得高成长的方法？

在"减肥"相关产业，从最早的通过平面广告、电视广告销售运动器材与减肥药品，到媒体植入性营销与直销来卖产品，可以看出，在市场结构与民众对减肥的观念快速变动中，如果总是采用传统的营销手法，便很容易在市场竞争中被取代。

在高房价时代，有一群人渴望买房，他们有固定收入，可是仍然无力负担高涨的房价，你有没有想到某些方法，可以提供房屋给这一类人？

银发族不断增加，老年化时代来临，你有没有想过，他们究竟需要什么样的服务？

有机商店、有机工厂的崛起，或许正好切中这些市场结构的变化，

但除此之外呢？战后婴儿潮出生的人群，这些人的衣、食、住、行、育、乐等，将会是未来产业与市场的新趋势。

而对于那些"三明治"一族呢？有什么方法可以缓解这些"中年人"上有高堂、下有妻小的经济与情绪压力？

谁可以解决这些问题，谁就可以在相关产业有所斩获。看看美国共享经济的爱彼迎（Airbnb）、优步（uber），还有阿里巴巴（Alibaba）……

来源五：人口统计资料

现在台湾社会出现老龄化、出生率大幅下降、单身贵族和小资女性纷纷崛起等现象，市场的属性截然不同，只要抓对自己的客户群，生意就是你的。

分析人口统计数据，不单单是看人数的变化，还包括薪资结构、兴趣偏好等多方面元素。

因此，当人口统计发生变化时，你可以透过观察生活中周遭事件的变化，找到属于自己的客户群。

来源六：认知的改变

消费者的认知，是不断变化的。举例来说，消费者对"瘦"的定义，从早期的体重数字，转变为现在被越来越多人重视的"BMI""体脂肪""腰围"等。随着知识的增长，消费者对减肥的认知也会发生变化。

如果你是创业家，你就必须更了解客户在想什么。类似的，在一家公司里，也会有许多"认知"上的改变。如果你是上班族或一般行政人员，当老板调整行政工作，要求行政人员也支持业务工作时，你的准顾客和你的工作认知，已经产生了变化，你就要适时调整自己的心态，因为你的老板就是你的大客户！"有机农业""绿色环保""绿能经济"都是认知在改变。

来源七：新知识、新发明

新知识的创新与应用，是创业家的最高灵魂。如果你是员工，这就是你在职场上最大的利器，但成本也是最高。

许多研究显示，拥有两项以上不同领域专长的人，在职场竞争力较一般人高得多。也就是说，这是一个需要两项、三项甚至四项以上专才跨界结合的年代。如果你是工程师，有丰富的技术背景，又擅长沟通协调，又会管理，那么你将比别人更有机会获得更多的财富！

跨领域的结合，只要能融会贯通，就可以创造惊人的绩效。

人工智能结合人文艺术，结合抗老产业，结合绿色能源、精准医学基因检测……这些都是未来可能大有作为的产业融合。

左右自己的命运

无论你身处哪一个环节、选择哪一种赚钱方式，大多数人都属于"知识工作者"。在彼得·德鲁克看来，知识工作者是可以透过不断学习让自己效能提升的。当然，这也包括你的赚钱效率。

这一切都是你可以选择的，但不论你的决定是什么，不要让他人左右你的生命，偷走你的梦想。

我们看过太多为他人期望而活的人。为了父母要考上好学校，为了养家要选一份安全稳定的工作，为了升官加薪，再不快乐的工作都要努力撑下去……不！你是可以选择的！ 如果你不喜欢整天关在办公室里，那就去试试看不一样的领域。

如果你厌烦了创业的惊涛骇浪，那么你可以选择投资别人，让别人去经历惊涛骇浪，但投资要用闲钱。

记得，不忘初心，你所有的选择都只是一个过程，要始终记得自己最初和最终的目的是什么。

当你找到你热爱的领域，你就会愿意花时间去研究。你还可以思考如何把你热爱的领域结合到你现在的工作上。

当你找到你的强项，靠着自我管理，在相关领域磨炼一万个小时，你就有机会成为该领域的专家，甚至达到顶尖水平。

当你能结合兴趣、天赋专长，想出让大家都能赢的商业游戏，你才可以准备进入下个阶段：建立团队。

感谢耐心翻阅到此处的你！ 从事你

热爱的工作！磨炼你天生的强项！想出一个大家都能赢的获利模式！你就能创造出很好玩、很酷、又很实用的"游戏"！祝福你拥有丰盛、富饶、恩典满满的生命！Fighting! Fighting! Fighting!

第六章

投资自己

> 最好的投资，就是投资自己。知识越多，财富越多。
>
> ——沃伦·巴菲特

有一部机器，只要受检测者把头伸进去，就能测出受检测者的IQ。某天，约翰、汤姆和麦克尔三人相约去测试自己的IQ。

约翰把头伸进去，机器显示：80。汤姆和麦克尔哈哈大笑，80实在是很低的数字。

接下来汤姆把头伸进去，机器显示：60。麦克尔笑得更大声。他心想：我一定是三个人中IQ最高的。

麦克尔自信满满地把头伸进去，机器显示：请不要把石头放进去。

约翰与汤姆哈哈大笑。

麦克尔不服气，发愤图强，历经十年，考上名校，拿到文凭，考了十张证书，再度自信满满地把头伸进机器里。

这次机器显示：请不要把一颗被训练过的石头放进去。

为了提升个人竞争力，你会在学校里或者社会上花很多时间，学很多课程，但前提是学习的方向要对。更多时候，选对方向比盲目努力更重要。

你要找到你热爱的领域，投资时间在上面。

你要找到你天生的强项，投资时间在上面。

你要练习思考如何创造一个大家都能赢的游戏，建立一个自动化的经济引擎，投资时间在上面。

我们会协助你发现你的优势项目，并且打造属于你的"自动化企业"。

"时间"是你最珍贵的资源，而"大脑"是你最珍贵的资产。如果你想学会把一块钱变成一百万的魔术，就必须把你最珍贵的资源，投资在你最珍贵的资产上。

而这项投资，是每个人都可以进行的。你不需要先有一桶金、什么毕业证书，或是什么高贵的身份，这是真正免费，而且投资报酬率最大，甚至可以说是无限大的投资。

投资自己有两种方式：

★ 学习——知识吸收。

★ 思考——知识内化。

你两种都要使用，而且最终要学会"应用"并产出效果。就像吃饭一样，你一定要"进食"，同时也要"消化"，把食物变成自己的营养。

想要快速成长，唯有投资自己一途。你投资自己的时间越多，你的吸引财富的能力就越强。因为你会知道要怎么做。记住，要活用你的脑袋，不是死背资料。

有一位人士从负债千万，到新加坡建立万人团队并且退休，中间只花了四年。其中三年，他全部花费在学习上——向全世界顶尖的大师们学习。剩下一年，用于实践向大师所学的智慧，把所学的东西用在市场上。

为了证明他自己的方式是有效的，11年前他回到台湾，只象征性地带了一块钱，打算用来开办一家企业。

从一块钱、一千块、一百万、三百万、数千万，只用了3年的时间。其中，因为品格与声望，他在拉斯维加斯最高级的餐厅用餐时有人愿意付钱埋单、在搭私人飞机环游世界时有人愿意免费出借，创业时有人愿意支持……这是我真实的经历与故事。

我的朋友罗伯特·艾伦也曾为了证明自己的方式是有效的而找报社总编做测试：他要在3天内，在美国旧金山买到一栋房子并且获利，而他的资金只有100美元。

他成功了。不到3天的时间，他用100美元买到7栋房子。

他们到底做对了什么事、才能变得这么有执行力、这么酷？

我们很乐意与你分享：

★ 你要了解你自己。

★ 你要Integrity。

★ 你要聚焦于贡献与服务。

★ 你要问"目的"。

★ 你要找到你的优势领域。

★ 你要投资自己，由内而外（in & out）。

世界上投资报酬率最大的是投资自己。投资股票、投资房地产、投资期货、投资境外金融，你可能有办法计算出可量化的投资回报率，但是投资自己的投资回报率，是无限大的，尤其是内在信仰的投资。

不过，这并不代表你要盲目补习、盲目地考证、盲目地上什么讲师课，很多成功的企业家，并没有上过成功学。

你要知道自己要什么，所以才要问你：你是谁？

你若知道自己是谁，就一定知道自己要什么、目的是什么？

你所要的，一定是你衷心所期盼的，你才会努力追求。如果你要的，这一些为何而来？来的目的是什么？其实是你父母要的、是你师长要的、是你上司要的、是你伴侣要的，你多半不会努力。

许多人常说：我爸妈希望我当医生，所以我去当医生。这种人对自己不Integrity，也对父母不Integrity。当你知道你的目标后，你才有动力去追求。而投资自己，是最快的方法。

投资自己是全世界最好的投资，第二是投资伴侣，第三是投资伙伴。

你的伴侣和你的伙伴，是你"成功的五大关键"之一。

而你若愿意投资自己，跟有真材实料的教练学，你会了解到"成功五大关键"是什么。

从投资自己的角度来看，"成功的五大关键"是属于学习，属于知识吸收的部分，如果你平常没有养成思考的习惯，吸收再多的知识也没用，充其量只是"浏览"。

就如同前面几个章节，如果你不去思考Integrity、不去思考贡献与服务、不去思考"为什么"、不去思考优势领域，就算你学再多致富的方程式，你也只是在"浏览"而已。

"思考"是你最强的武器。"思考"是为了消化"学习"而来的知识，为了去实践所学，把别人的东西变成属于自己的东西。

而"学习"是一种彰显，它会让你的"思考"有所价值，有助于扩大"思考"的深度与广度。

所以"思考致富"，不是拼命工作去致富。

喔！对了，认真思考，也要努力实践。

看看两任世界首富：比尔·盖茨和亚马逊网络书店的创办人杰夫·贝佐斯。

成为内外兼修的武林高手

如果说"学习"是外功，那"思考与品格养成"就是内功。

就像张无忌。他学了九阳神功，只是内功，却是最顶尖的内功，所以就算没什么招式，实力仍然雄厚。他学了最顶尖的内功和外功，才能在光明顶勇战六大门派，所向披靡，保护太师父。

但那也是因为张无忌聚焦于贡献——先基于良善的意念，而学习医术，再基于良善的意念，在落难之际用医术医治大白猿，最后得到九阳神功。

九阳神功可能不是他的天赋强项，却是天下最顶尖的武学。他心无旁骛，在山谷中专心修炼九阳神功，磨炼、磨炼、再磨炼，一万个小时的修炼，使他拥有天下高手难以企及的深厚内功。他有了足以内化其他功夫的能力，再学原本非常难学的乾坤大挪移，从而名列天下高手之一。

最后他又学了太极拳，终于创造出自己独一无二、绝无仅有的优势领域——连张三丰都无法习得的独特武学。

在金庸系列中，太极拳和乾坤大挪移都是最高等级的武学，并非一蹴可及，但有九阳神功加持，张无忌皆在不到一天之内就学会基础，并立即用在实战上。但是前面有一万小时的基本功、品格修养。

你羡慕张无忌吗？

那你必须拥有深厚的内功——思考。你越习惯思考，越习惯运用大脑，当你一学到新知识、正确的知识、深奥的知识，你才能马上运用，变成属于自己的东西。

当然，你必须内外兼修：既有最强的思考能力，又要不断地学习新知识，而且是正确的新知识，强化价值观、品格培养。

常常逼自己思考，当你接触新的环境、新的生活形态时，你就可以参透许多念很多书的人都无法参透的道理。

现在，我们要给你一个非常好玩、非常有实用价值的问题：

如果你只有100元钱，你要如何把它变成100万元？你有多少种方法？可行性多大？想象一下。

如果你只有10万块,你要如何在一个月内买到一套位于台北(或者北京)两房的房子,并且获利两倍以上?

即使你竭尽所能,可能也没办法回答出这两个问题。这很正常,因为你的想象力、思考力不常用,即使致富关键的秘密已经在前面几个章节和你分享,你也无法将它们变成自己的,也想不到要怎么做。还好,过去不等于未来。

动用你全部的人脉问他们试试看,你最常相处的6个人,他们可能也没办法帮助你回答这两个问题。因为你并未生长在那样的环境,你周围的人也没有思考这种问题的习惯。记得:环境力的作用有时大于意志力。

俗话说,富不过三代。如果富二代没有Integrity、没有聚焦于贡献与服务、没有问对问题、没有找到自己的优势领域、没有努力思考再思考,富不过三代是理所当然的事情。但是我们一起来改变,Integrity、聚焦于贡献与服务、问对问题、找到自己的优势领域、努力每天思考再思考,假以时日,你也能像德鲁克家族一样,富达五代。

如果你保持每天思考的习惯、学习最顶尖的思考技术,持续一万个小时去修炼,你就可能想出一百种方式来解决。

德鲁克之所以在95岁高龄还能担任国际顾问,回答全世界最棘手的许多问题,就是因为他始终保持思考和学习的习惯。

公园里,我们都曾见过许多老人家在下象棋、打麻将、进行运动,也是为了保持思考、避免老化。

同时,健康的身心灵很重要,很重要,很重要。

保持思考,活到老学到老,可以避免老年痴呆症过早发生。很多时候,许多人太盲目赚钱,却忘记观察市场,观察自己生活周遭朋友的生活模式，观察自家父母亲的需求，还有自己健康的需求，但这往往正是庞大市场的所在。2017年，在美国可是精准医学元年，你听过基因检测吗？你知道你的基因密码吗？你开始有记忆力衰退的现象吗？

思考是知识型富翁的制胜关键。多观察、多思考，一个想法的转变，你也会成为改变社会的明智富翁！

感谢耐心翻阅到此处的你！从事你热爱的工作！磨炼你天生的强项！想出一个大家都能赢的获利模式！你就能创造出很好玩、很酷、又很实用的游戏！祝福你拥有丰盛、富饶、恩典满满的生命！Fighting! Fighting! Fighting!

第七章

成功的五把钥匙

> 当机会呈现在眼前时，若能牢牢掌握，十之八九都可以获得成功并克服偶发事件。至于那些替自己找寻机会的人，更可以100%获得胜利。
>
> ——美国钢铁之父安德鲁·卡内基

前文谈到了许多致富的关键，然而，要打造一个多重收入的现金流，不是想象中那么简单。

致富计划的核心精神，首先就要打造大量的"现金流"。无论是大笔一次性现金流或是多次现金流，总之，你每个月的收入，最少都要能负担房产支出的两倍以上才会比较安全。更简单地说，现金流量越大越好。

打造大量现金流的方法，"创业"不失为一个好途径。

比起当上班族，创业更有机会开创大笔而稳定的现金流。但创业不是一件轻松容易的事，这也是为什么新成立的企业有五成无法撑过一年，三成无法超过两年，仅有不到一成足以撑过创业维艰的时期。

如果你决定靠创业打造现金流，那么以下的公式对你会有帮助。

好产品＋好营销＋好伙伴＋好教练＋好配偶。

这是我人生中两位重要的导师，屈特与赖兹所提出的统计结果。

根据他们的说法，一个产品、服务要上市成功，创造现金流并且赚钱，这五个关键是非常重要的。如果五个之中能有三个，就已经能站在一定的基础上；如果可以有四个或五个，那么成功的概率就非常大。

恭喜！大众创业、万众创新，与你有关系了。

好产品（好服务）

好产品或好服务是必要的关键，好产品或好服务才能真正改善人类的生活。而所谓的"好产品"必须具有"独特卖点"。

具有独特卖点，会让产品比较好卖。它们可以是引领先锋的划时代产品，也可以是旧产品再创新得到的产品。

举例来说，前几年全世界都在"疯"干细胞，但干细胞的费用动辄需要数十万元到数百万元，不是一般人可以花得起的。于是就有公司推出一种启动体内干细胞活性的营养品。姑且不论它有没有效，但这是市场上所没有的，并且具有独特性。

还有一个例子则是通过智能手机测血糖。

智能手机是原本就已经存在的产品，测血糖机也是已经存在的产品。在智能手机所拥有的智能功能，包含看电视、听音乐、上网、打电话、发短信等基础上，再加某些健康保健的特殊功能，加上房门钥匙，再加上投影机功能……一机享有多重效果，也是好产品的例子。

或许你会说：天啊！这些产品都需要投注大量资金与技术，我没有这些资金，也没有这些背景，我无法拥有这么好的产品！

但在我们的生活中，处处都有这些产品的存在，只是你有没有注意到。爱因斯坦曾经说过："想象力与复利是上帝给人类最好的礼物。"而你有一个充满想象力的大脑，你可以随意组合有创意的产品。

以门槛低的卖冰激凌来说，大约20年前有业者把中式的刨冰与西式的冰激凌组合在一起，变成新的冰品再加上新的名字，结果造成一股风潮。这并不需要特别的技术，就只是一个创意而已。

还有人把传统圆形的红豆饼变成正方形、三角形在卖，里面的内馅换成金枪鱼芝士、巧克力等西式口味，也只是一个创意，就造就了一门好生意。

再以我们公司为例，我们借由与人合作，将迷你厨房引进公司，借由这套全新的厨房设备，让公司伙伴可以吃到100%水果制的健康冰激凌、无油烟的健康料理等。我们运用这个好产品，把家的感觉带到公司，也让公司伙伴保持健康的身体。

我的教练因此说："Money is an idea."金钱、财富就是一个简单的想法而已。你需要动动脑，张大眼，多观察。

把不一样的东西组合在一起，就可以有意想不到的收获！

就算你是个生活简单的人，你也可以借由前面的章节，来创造自己的"独特卖点"！

或者你所认识的人，或你认识的人的朋友，总有些人是有创意的，或许他们的手上正有你需要的好产品，不妨找他们聊一聊。

但要成功地选择一个产品，还有一个很大的秘诀，就是你自己必须打从心底热爱这项产品。唯有你自己先爱上你的产品，你的客户才会跟着你一起爱上它。唯有你真心相信你的产品可以改变人、帮助人，给他人带来快乐与价值，你的产品才会旋风式地感染他人。

如果你自己不爱这项产品，客户会感觉得到，接下来可能会有一连串的问题等着你去解决。

这是营销背后，没人会告诉你的秘密。因此，快去选一项你热爱，并且具有独特卖点的好产品吧！

现在，请你列出，你热爱什么产品？你的产业有什么独特卖点？ 你自己有什么独特卖点？

好营销

世界上，每5分钟就有一个足以改变世界的产品问世，但是又随即陨落。因为好产品很多、很容易被超越，但是懂得顶尖营销技巧的人太少。

营销与业务是唯一能把钱搬进来的部门，其他的财务、研发、人事、生产等，通通都是把钱花出去的成本。因此，一个公司的营销与业务好坏，几乎已经决定了这个公司的命运。有很多人深爱自己公司的好产品，但"爱用产品"与"经营事业"是两回事。所以，当你选定一个好产品，你就要开始制订详细的营销计划。

虽然拿破仑曾经说"没有一场胜仗是按照原有的既定计划打赢的"，可是拿破仑在每一次打仗前，都会认真地布局。因为在计划与布局的过程里，可以找出许多我们平时没有注意到却至关重要的细节。所以说："上帝，都在细节里。"

拟订营销方案有几个方向，你要问自己：

★ 谁是我们的主要顾客？
★ 谁是我们的次要顾客、支持顾客？
★ 我的业务是什么？

也就是说，你要如何替你的产品找到对的客户群，切入正确的市场？

彼得·德鲁克常说："所有显而易见的答案，往往不是正确答案。"就是说，一般的答案，往往不是真正的答案。

很多时候我们拟订营销方案，往往像乱枪打鸟，无法集中在一个焦点客户群上，如果你要产品卖得好，应该先选一个主要市场来经营。

先专注在你所聚焦的主要客户群上，会帮助你更有效能地进行营销。接着，在接触主要顾客的同时，你也要顺便察觉次要顾客，这些次要顾客可能会影响主要顾客的决定。

例如你是一名汽车业务员，你的主要客户是一个上班族的父亲，但是他的老婆、孩子、其他朋友，可能都是影响他买车的因素，这些人就是你的次要客户群。（次要客户也包含你的支持伙伴、主管……）几年之后，或许他的太太、小孩、其他朋友也都有了购车需求，这时候也就有可能变成潜在客户。

客户不会一成不变，随着科技、生活水平、经济环境等的诸多变动，客户的数量、年龄、群体大小也不断改变。因此，你必须随时注意客户购买习惯的改变，营销预算才能有效地发挥其效力。

就像过去许多厂商会花大笔资金投入电视广告、广告牌等，在早年电视只有三个频道的时代，这些广告要被看见是非常容易的。但随着网络的兴起、智能手机的盛行、电视台数量越来越多，需要花费的钱是以往的数倍，却不见得有以前一半的效果。因此，许多厂商开始转向微博营销、社群网站营销等，这就是随着时代变动而产生的营销方案。营销是很灵活的，唯有不断地调整营销计划，才能获得更大的收益。

现在请你思考，如何为你的产品或是你自己设计多个最佳的营销计划？

_____

_____

好伙伴

好的创业伙伴，是你创业成功的重要一环。

我35岁破产那年，如果没有找到一群好的新伙伴，也无法这么快就翻身；但也因为在台湾时，身边是一群无法帮助我的旧伙伴，所以我决定离开中国台湾，到美国旧金山，最后到新加坡。

生命中有很多人可以帮你完成梦想，也有很多人会偷走你的梦想。

我的美国教练曾经要我写下身边每天与自己相处最久的6个人，还有这些人的收入与生活状况。当时正处于人生低潮，当我写下在台湾的6~12个朋友与收入状况之后，我下定决心离开这个伤心之地，换了新环境。因为这6个朋友里，有的因赌负债，有的负债之外还会花钱买醉……教练说："每天与你相处的6个人，就是你未来生活的写照。"

这不是我要的人生，所以干脆离开这些旧友，离开这个环境。

后来，我在学习的过程中，往往会拒绝参加不开心的同学会，甚至连家庭聚会都很少出席。因为知道，这些亲朋好友的思想和文字，足以成为实现梦想的绊脚石。尽管我知道他们说的都是出于善意的建言，但更清楚他们没有亲身实务的经验，因此沉痛但坚定地离开那种环境。即便是现在，我也会拒绝和充满负面能量、思想和文字的旧友接触。在真正的爱里，不应该有担心、害怕恐惧的成分。

好的伙伴可以弥补你的不足，因为你不可能十项全能，什么都做。好伙伴可以帮助你、提醒你、激励你，与你一起分担创业过程中的起起落落。

比尔·盖茨创立微软初期，有一个很好的伙伴叫作保罗·艾伦，给了比尔·盖茨许多鼓励与支持。即使后来保罗·艾伦因故没有继续留在微软，比尔·盖茨还是很感谢保罗·艾伦；微软上市后，股票还是照样给他。如果没有当初的保罗·艾伦，也不会有后来的微软。

好的伙伴会有共同的信念、共同的目标，也会有共同的愿景。

20年前，我在新加坡碰到一群好伙伴，把我们紧紧绑在一起的，是一个使命——建立一个让所有人能在里面学习、成长、赚钱的组织。因为有这样的共同信念和愿景，所以我们才集合在一起。

如果没有这样的愿景跟使命，团队中的成员很容易各奔东西。建立在金钱关系上的伙伴，是不会长久的，因为一旦钱、利益消失，伙伴关系就宣告终止。但建立在共同使命、愿景基础上的伙伴却可以长长久久，即使后来不在一起创业，还是可以成为很好的朋友。这种好伙伴的价值是无可取代的。

好伙伴会把使命与任务放在第一、团队放在第二、个人放在第三，这是一个团队、一个组织能够顺利运行的关键。

你的好伙伴要能够愿意和你一起坐下来定规则，并且你们都愿意遵守这些规则。当你的核心伙伴都愿意做这件事，成功的概率也大为提升。

当路飞首度出航时，他的目标非常明确，就是：找一群好伙伴，然后进入伟大的航道。他知道凭自己一人，是无法克服所有难关的，因此他懂得在迎向挑战时，先聚集一群志同道合又个性、优势互补的好伙伴。

现在请你列出，你想让你身边哪些人成为你的好伙伴？如果没有合适的人选，你梦想中的好伙伴应该具备什么样的特质？和你有什么样的合作关系？想象一下。

_____

_____

好教练

如果你要征服喜马拉雅山，你就非得找攀登过的教练来带领你。否则你随便问一个人："山上的风景如何？"如果他没亲身经历过，对方可能会告诉你："照片看起来很漂亮啦！可是我看你还是不要去好了。上面很危险、很冷又不舒服，你没事爬什么啦！"

这样的对话是否很熟悉？当你告诉你的亲人、朋友说："我要创业，转换跑道。"他们是否曾经说过："创业风险这么大，你好好上班就好了，没事创什么业！"

很多人都是用一般人的意见、一般人的见解来规划自己的一生，却从未想过可以请教真正有成功经验的教练。

想想你这一生让一般人替自己下了几个足以影响一生的决定？而这些人是否真正到达过某个领域的巅峰？如果没有，你为什么要听他们的话？他们是建议者，还是真正的导师？

教练是分等级的，教练的等级很大程度上决定着选手的表现。

如果一个教练没有拿过世界金牌，他怎么有办法教你如何拿到世界金牌？如果你的目标是拿世界金牌，那么你为什么去请教一般的教练呢？

如果当初我没有在美国亲眼看见世界级的教育训练水准，并且与这些畅销书作者、老师们合办过活动，就不会有今天的国际观和充满感恩的生活。

如果你愿意敞开心胸接受真正好教练的带领，你致富的路径就会顺畅许多。

要记住：没有自己创业经历的导师无法教导你创业。

成功有两种方法，一种是用自己的方法，另一种则是用已经被证明成功的方法。如果是你，你选择哪一种呢？

如果你要咨询意见，最好的方法就是找顶尖的教练。就算找不到，也不要随意去询问平凡人的建议。

有一位教练跟我说过一个故事，这个故事对他的影响很大。

这位教练说："如果你的朋友到你家去做客，你很热情地拿出水果、好茶招待，甚至亲自烧了一桌好菜来宴请这位朋友。临走之前，这个朋友跟你借了一根棒球棒，然后把你家所有的花瓶、玻璃、桌子全部砸烂，接着又用刀子划破你家的沙发，还在你房间的床上撒了一泡尿，请问你会让这个人走吗？"

我当时愤慨地回答："当然不会。"

这位教练接着说："可是你想过吗？试着把你的脑袋当作你的家吧！你每天让多少负面的声音进去蹂躏它，你知道吗？你的头脑不比你家的沙发、桌子贵重吗？可是你却轻易地让这些人扼杀你生命的潜能！你觉得是你的脑袋比较重要，还是你的沙发、家具比较重要？"

这个故事让我如梦初醒。

35岁那年投资失败的时候，有许多人嘲笑说："哎哟！别傻了啦！负债这么多，要翻身？不可能啦！"甚至连最亲的亲人，都会这样告诉其他人："离他远一点，不然会被他拖累。" 但是在这个时候，我人生中的贵人、好教练，不断地提醒我、鼓励我："失败是成功的一部分，你还年轻，找对机会，还有很大的机会翻身。""这没什么，我当初也曾经破产，可是就是破产，才让我有今天的成就。"因为他们的鼓励、遵循他们教的方法，我在短短三年内翻身，因实现财务自由而"退休"，跌破许多人的眼镜。

如果没有这些好教练，就不会有今天的我。

找到两三个顶尖的教练，会是你这辈子最明智的投资。

选择好教练有几个方法，在此提供给大家：

★ 结果论英雄。你的教练是否在某些领域有非凡的成就？而这些成就同时也是你渴望达到的？

★ 价值观。有的教练达到现在的成就，却是用人生的其他部分换来的，他或许有钱，却出卖了良心，这是你要的吗？

★ 真诚。有的教练教你，只是为了满足自己的表现欲，他并不是真正愿意倾囊相授，而他是否真心诚意地教你，跟你未来的表现将会有很大的关系。

★ 言行合一。他教的跟他做的是否一致？唯有言行一致的人，可以传授给你他真正用过的实务经验，否则你有可能到头来只是向一只受过训练的鹦鹉学习罢了。

测试一个教练最简单的方法，就是问几个关键问题。太多所谓的成功课程、成功人士，教的都是他们"成功"的时候在做什么，但其实真正最重要的是：这些人在人生低谷的时候，大脑里想的是什么？

所以这几个问句，就是你必问的关键：

★ Q1：你花多久时间赚到人生第一个100万？
★ Q2：你用的是什么方法？
★ Q3：请问这个方法现在还适用吗？
★ Q4：你在人生低谷的时候想的是什么？后来做了什么决定？

这几个问题，能够帮助你厘清很多迷思。有时候教练的方法现在已经不适用了，因为最好的时机已经过去了，就像你现在无法再建立一个微软或亚马逊、阿里巴巴一样，因为所有的市场条件都已经与当初不同了。

再回到《航海王》的例子，路飞的精神教练是"红发"杰克，他希望成为像杰克那样舍身为他人的伟大海贼，因此许下当航海王的宏愿。之后当路飞落难时，仍有人因为路飞的信念与品格，愿意在他最低潮时给他最成功的资源，那就是航海王的副船长——"冥王"雷利。

我们都很欣赏雷利这位大人物，他作为路飞实质上的教练，真诚地为路飞贡献一己之力，在他的弟子再度出航时，他亲自为路飞抵挡海军进犯，并且为他的弟子流下骄傲的眼泪。

你若要找一位好教练，这位教练至少要像雷利这样真心地为弟子着想，你们彼此才会成为良师益友。

现在请你列出，你的教练有哪些人？如果你目前没有一个好的教练，你想让哪些人成为你的教练？你的教练应该具备什么样的特质？为什么这些人愿意成为你的教练？

_____

_____

好配偶

如果你有一个好配偶，恭喜你，这真是几辈子修来的福气。配偶之所以重要，是因为他/她会深切地影响你的潜意识，而你每天要跟这个人同床共枕，共同生活。

如果你的配偶是个持负面思想的人，跟他/她在一起久了，很有可能你也变得消极；但相反地，如果你的配偶是个乐观、积极、有活力的人，无形之中你也会深受影响，变得越来越有活力。好的配偶会支持你、鼓励你，即使在经历低潮时，也愿意陪你走过风风雨雨，这样的力量对一个创业的人来说，是非常重要的支柱；但如果你的配偶总是对你落井下石，则你致富的力量将会受到阻挡。

在此，我们也奉劝作为配偶的你，给予另一半全面支持是非常重要的。看看阿里巴巴创始人马云的今天，就可以知道。

如果你有意见要告诉你的配偶，请记得用对方能接受的方式，并且避免释放负面的情绪，否则只是在扼杀对方致富的潜力，对彼此一点好处也没有。

学习如何成为彼此更重要的"环扣"，是成为好配偶的重要课题，也是一辈子的修练。

如果你目前单身，请你试着列出你理想中的配偶应该具备什么样的特质。

_____

_____

如果你已婚，你的配偶是否是你低潮时的有力支柱？你是否是你配偶的有力支柱？你们是彼此扶持，还是彼此落井下石？你们要如何让你们的关系优化？

_____

_____

以上这五把成功的钥匙，至少凑齐三把，创业成功的概率就会大幅提高，如果凑齐四把，那十有八九会成功。

成功绝非偶然，致富绝非巧合，每当我们翻开这世上许多成功人士的种种事迹，就可以从中找出一些端倪，印证我们所学所授是正确的。

彼得·德鲁克说："预测未来最好的方式就是创造它。"我们借由不断地学习创造成功的钥匙、磨炼自己的优势领域，不断地询问从而明确自己的"目的"，最重要的是严守核心价值，最终拥有今天的基业。我们想说的是：你也可以跟我们一样，在很短的时间内，用良善、正确的方式来创造绩效，成为"明智的亿万富翁"。

也许你读了本书后，需要更多的学习与磨炼，但也许你在不知不觉间已经凑齐了一些成功的关键，只差临门一脚。

我们希望创造更多"明智的亿万富翁"，当更多的人身体健康、脑袋健康、口袋健康，这个世界就会变得更美好。

也许有一天，当你成为拥有一定影响力的人物时，你也可以在他人的心中种下一颗祝福的种子，改善他人的生命、生活品质。

也许当你有一天必须向上帝交差时，你可以平安、喜乐地闭上双眼，而世人会为你的辉煌贡献写下璀璨的一页。

这难道不是一件很美妙的事吗？

不满意现在的环境？那我们一起来改变它。

感谢耐心翻阅到此处的你！从事你热爱的工作！磨炼你天生的强项！想出一个大家都能赢的获利模式！你就能创造出很好玩、很酷、又很实用的游戏！祝福你拥有丰盛、富饶、恩典满满的生命！Fighting! Fighting! Fighting!

第八章

把梦做大

> 你是想卖一辈子糖水呢，还是想和我一起改变世界？
>
> ——苹果创始人史蒂夫·乔布斯

金钱不是人生的全部，却是一种能用来交换并且让你生活得更好的物质，是可以大大提升生活质量的一种筹码。除此之外，金钱还可能换来你内心热切渴望的梦想。只是需要注意，君子爱财，取之有道。

你想过这一生到底要做什么吗？

你思考过在你的人生里，做什么事会让你"热血沸腾"吗？

如果你想要获得财富自由，就必须认真对待自己内心的声音。首要的，就是有一个远大的梦想，一种爱人爱己的核心价值。

综观各行各业，人们在各自领域里，有很多人即使晋升到一定的职位、拥有一定的收入，但还是后悔："如果我年轻十岁，我绝对不会继续待在现在这个职务上、从事现在这个工作，我会去冒险、去创业。"

如果你内心曾经有过某些声音，告诉你应该去做某些事，或许是开店、写书、绘画、拍电影等，无论是什么，这些都可能是你内心真正的渴望。

不要忽视这些内心的声音，因为或许你会借着这些你感兴趣、真正热爱的事物，开创出另一片天地。

你认真想过这辈子要过什么样的生活吗？你的梦想必须能让你忍受孤独、风险与挫折的压力，能让你在没有任何筹码的情况下，仍勇往直前，能让你不畏惧他人的闲言闲语。

当你想到这些梦想，你会立刻有一股热血沸腾的感觉，眼眶会湿湿的，会有一种从内心深处流露出来的欲望。只要你真的相信你的梦想会成真，你的生命就会朝着那个目标前进。

"欲望"这个词在拉丁文里是"来自父亲"的意思，也就是说"欲望"天生存在每个人的体内，而你天生就有能力得到这些你热切渴望的梦想。如果你现在还没获得满意的生活、收入与财富，那么代表你对致富这件事，并没有真正热切的渴望。你只是"想要"致富，而不是"一定要"致富。

但现在，请你想象一下那个曾经无数次出现在你脑海中的梦想：

★ 带着家人环游世界，至少10个国家。
★ 去一家只敢在网络上看看的高档餐厅大吃一顿。
★ 去非洲大草原探索。
★ 认养101个孤儿。
★ 把已经用了20年的老爷车换成更安全舒适的volvo。
★ 买一间属于自己的"好宅"——不一定是"豪宅"地点在哪里？
★ ……

无论你的梦想是什么，记住，你的梦想一定要够"清晰"。

35岁那年经历破产，好不容易累积的上亿资产竟然在一夕化为乌有，个人的负债也高达两千万以上。

走到人生谷底的我，一心只想到美国的旧金山金门大桥一跃而下，结束自己的生命，可是穷途末路的我连去美国的旅费都没有。或许是因为我真的太渴望到美国，后来发生了一连串的事，结果一个阿姨愿意替我出旅费，条件是替她去听一堂课，还有带一箱维生素回台湾。想到有人愿意出机票钱，就算几百个条件都答应，反正也不打算回台湾。

顺利到了美国旧金山之后，当我来到金门大桥时，又发生了许多奇妙的人与事。

结果，我没有跳下桥，反而去上了一堂改变我一生的课程。

当时在台下的我，听到台上的老师的月收入高达200万美元，立刻改变了寻死的决心，转而想好好研究这些人是做什么的？为什么可以拥有这么高的收入？

但决定活下去的我，也还是必须面对破产的现实。

因缘际会下，我又上了其他的课。马克·汉森，告诉我梦想的重要性。

马克，要台下的学员写下人生热切渴望的梦想，从衣、食、住、行、育、乐、人脉、信仰等每一项生活细节开始写起，最少要写下101个目标。

当时的我破产、负债千万、万念俱灰，无法想象自己的人生中还应该有什么梦想跟目标，更何况还要写101个！一个人真的能有这么多梦想吗？

但是老师的一句话提醒了当时的我："如果你写了，相信了，但是没有成真，请问你有什么损失吗？"

我心里想："没损失。"

接着这位老师又说："那如果你写了，并且相信这件事就会成真，而这件事是真的，但你却没有做，请问你的损失大不大？"

我想了想："这损失也太大了！"于是拿起笔立刻就写。

这位老师在学员们写梦想的时候，继续说：

101这个数字，代表一个极限。超过了，就是无限的意思。因此101个目标，是有很大的正面力量在里面的。

此外，你写下的必须是你内心真正渴望的梦想，不是因为别人写月收入百万，我就写月收入百万，也不是别人写他要开敞篷车，你就写敞篷车。

你要写的是你内心真正渴望的那部车子，否则你的愿望写再多都不会实现。因为那是别人的梦想，不是发自你内心真正渴望的梦想。

但我也要提醒你们，不要用自己现在的状况、生活水平与收入决定你所写的梦想，梦做大一点，总有一天会实现。

你所有的梦想都要是你内心的渴望，但不要被现实环境所影响。这是你梦想是否成真的真正关键。

当时那位老师讲得清清楚楚，但我听得模模糊糊。什么叫"要是内心的渴望，但不要被现实环境所影响"？但我没想那么多，就只是写。

结果三年之后，我在新加坡过着人人称羡的"退休"生活。之后有一天，我又拿起当年写的梦想，这才惊觉那位老师话语中的道理。

人的梦想，经常会被现实环境所影响。

或许是来自父母亲的压力，另一半的逼迫，长年没赚到钱的怨念，周遭朋友的不争气，对于大环境的无奈，等等，使得我们经常会批判自己内心的渴望。

我们可能想要犒赏自己，来一趟深度旅游，但内心总会有个声音告诉你：这趟深度旅游要花你一个月，你可能要辞职而且还没有收入，回来之后也不确定能不能找得到新的工作……还是不要啦！先好好把这份工作稳定再说。

或者，你很渴望替自己买一间小套房，但内心的那个声音又说：人家专家都说房贷不能超过收入的三分之一，现在房价这么贵，你买不起啦！租房子就好了，不然买房子风险这么大，万一付不出来，你的人生不就都完蛋了？

如果你愿意开始体察在你内心里的声音，就会发现这些讨厌的声音无时无刻不在攻击我们的自信心，而这些声音就是我们梦想的小偷。如果我当年对自己写的梦想有很多的批判和质疑，三年后我的梦想就不会成真。很多时候，我们所写下的梦想，达成梦想的时间与方法并不是我们平常所能想象的。

从来没有搭过头等舱的人，怎么有办法想象航空公司是可能免费帮你升级到头等舱的？

没有开过游艇的人，怎么有办法想象有钱人忙到没时间开自己的游艇，所以把游艇借给你开？

没有搭过私人飞机的人，怎么能够想象这世界上会有一个人愿意提供你免费的私人飞机旅行？

没有不合理的目标，只有不合理的期限和不相信的心灵。

只要有这么个目标、这么个梦想，是你内心真正的渴望，就把它写下来吧！

不要带有任何的色彩与批判，不要拿自己现在的收入去衡量这件事怎么达成。当你写下来，自然就有方法能完成它，只是你还没想到而已。

你必须已经看见它、感觉到它、听到它、闻到它、尝到它、摸到它。想象一下：

★ 你带着家人去环球旅行时那是什么样的感觉？

★ 当你吃到期待已久的龙虾大餐，那是什么味道？

★ 你的样子如何？

★ 当你开着梦想车款时，引擎声带给你什么样的欢愉？

★ 当你住在自己买下的那间房子里，有什么样的感觉？

你要把这些让你兴奋、快乐、颤抖不已的感觉深深放在心底。碰到任何挫折时，你就想象自己已经完成这些梦想的样子。然后告诉自己：我有一颗有钱人的大脑。

我35岁那年破产时，有胃溃疡与十二指肠溃疡，全身病痛、瘦到不成人形。去美国上了课回来之后，每当觉得身体非常不舒服或是被现实生活压得喘不过气来时，唯一的解脱之路，就是做白日梦。

我想象着自己非常健康，吃着丰盛的美食，住在全世界最高档的五星级酒店里的总统套房，每天有看不完的秀……每当觉得痛苦，就用这些愉快的感觉去取代它。每当感觉到沮丧，就想象这些事已经发生在自己身上所带来的快乐。久而久之，我发现自己感到灰心、沮丧、难过、伤心的次数渐渐减少，时间也变短。大多数时候，我开始享受生活中随处可得的快乐、喜乐、平安。

奇妙的是，越是觉得快乐，就有越多好事发生在身上。越觉得自己是个幸运的人，身边就出现越来越多贵人。随着这些贵人的出现，我的梦想开始一个一个地实现了。

如果你写下梦想的同时带着怀疑与批判，就会在你心里造成不好的情绪与影响，很容易吸引其他不好的事物。与其如此，还不如不要写。

唯有当你放下对自己的成见，才能跨出成功的第一步。

当然，物质生活不代表一切，你写下这些丰裕的物质生活，是为了让你拥有"快乐"的感觉，以抵抗那些让你"痛苦"的暂时的现况。除了物质的"快乐"外，还有更多、更好的方法可以让你感到"快乐"。

现在，请找一本笔记本，写下你自己的101个目标。依照衣、食、住、行、育、乐、人脉、事业、收入等项目写下来，越详细越好。

如果你要描述一辆车，就清晰地描述它是什么牌子、什么颜色、几个门、什么材质的椅子、几个安全气囊……所有你能想象的都要巨细靡遗地描写出来。（想想：为什么一定要买？）

如果你要描述一套房子，请清晰地写下位于哪个县市、什么区、哪一条路上，附近有什么你喜欢的设施或生活环境，面积多大、公摊多少、有几间房间、什么材质的地板、什么样的窗帘、什么样的邻居、几层楼的建筑物、位于几楼……总之，越详细、越清楚越好。

接着，请写下自己理想中十全十美的一天：早上几点起床、穿什么睡衣、旁边有谁、闻到什么味道、起床后做了什么事、早餐吃什么、早晨的空气如何、接着你去了哪里、穿什么样的衣服、搭什么交通工具、跟谁碰面、做些什么事、午餐跟谁吃饭、吃了什么、在哪里吃、下午去了哪里、跟谁在一起、做些什么事、晚上跟谁吃饭、在哪里吃、吃什么、几点回家、回家后做些什么事、几点上床睡觉……

梦想管理列表

很多人写下梦想、写下目标之后，并不知道如何完成。

其实目标或梦想的实现，是需要很多策略与方法的。这些目标也都需要"被管理"。当我们写下自己的目标与梦想，接下来就要审视有没有"一网打尽"所有梦想的方法。

举例来说，40岁的小李，他的几个梦想是换一辆奔驰E-Class、买一套位于台北市面积165平方米且十年以内的房子、年收入超过500万新台币……这些目标看似零散，其实，只要其中一个目标达成，其他的目标就水到渠成了。

以小李的这个例子来说，能够帮助他实现其他梦想的目标，就是"年收入超过500万的事业"。

此时，我们会发现金钱对于我们人生的重要性：有时金钱可以换取我们心中的梦想。但还是要记得：君子爱财，取之有道。

第八章
把梦做大

如果你回去审视自己所列下的101目标，可能就会发现高达九成的目标，都与金钱有密不可分的关系。

不过，在实现梦想的过程中，不一定都需要用到我们本身的钱。但大数多人看到买奔驰、看到在台北市买房子，往往想到的是：那要花多少钱？

你对钱的感觉与看法，就会决定你的梦想是否能够达成。很多人并不知道，自己从"一开始"就对钱抱持着负面的态度，为什么这么说？我们从幼儿时的记忆说起。

从我们很小的时候开始，就已经开始对许多事物有记忆，只是我们不记得而已。

一个一两岁的婴儿，刚学会爬行，看到地上有什么东西，都会喜欢拿来放在嘴巴里。如果这个婴儿手上拿了一个硬币，正准备往嘴里塞，此时，爱他的爸爸或妈妈，会赶紧出面制止他，并告诉他："哎哟！钱脏脏，不要、不可以！"还从这个婴儿手上把钱抢走。

而这就是很多人对金钱的第一印象：钱是脏的、不要、不可以。

当我们长大之后，有时就会莫名其妙地被一些人把钱骗走，或者我们也经常看到某些男人明明就不争气，为什么他的女伴却死心踏地的不断为他埋单。

很多时候，这都跟我们成长的过程有密切的关系，而这些过往的经验，就变成我们看待金钱的真实样子。也就是说，你原生家庭的无意识状态，深深地影响着你。

当你列出你所有热切渴望的梦想之后，试着想象这些美好的事物已经发生在你身上，这带给你什么样的感觉？你有什么样的情绪？快乐吗？感动吗？兴奋吗？我们会协助你。

无论是什么，把这样的感觉写下来。

_____

_____

记住这些感觉的目的，是为了再次加强我们脑袋里对这些事物的感觉。我们把它叫作"心锚"，也就是加强潜意识里梦想实现的真实感。

20世纪的一个伟大企业家克莱门特·斯通，就曾经说过："不论脑中所相信的是什么，它一定可以被得到。"

你不会得到那些你能力所及的事物，可是你却会得到那些你脑中认为你可以得到的事物。

也就是说，你现在所赚取的收入，就是你对自己的价值的衡量。

知名的个人成长权威大师博恩·崔西曾经说过："思考是原因，环境是结果。"你现在所处的环境、收入与现实，就是你脑袋里的思想造成的。

我们的思想就像是大树的根部，你对它灌溉什么，就决定了这棵树长得如何。如果你悉心照料这棵树，从根部给它施肥，施予正面、肯定的话语，辛勤灌输正面的看法，那么这棵树的未来指日可待。相反地，你若不从根部给这棵树施肥，反而拿刀子去砍树根、放任它枯萎，那这棵树也活不了很久。

你的每一个心思、意念，就是影响你这棵树成长的关键，因为我们的生活状况，恰恰就反映了我们潜意识甚至无意识的状态与信念。

福特汽车的创办人亨利·福特曾经说过："无论你相信或不相信，你都是对的。"因为你相信自己会有钱，这会变成事实；你不相信自己会有钱，这也会变成事实。你相信处处逢贵人？处处遇小人？你的每一个心思、意念，不是引导你往你的目标更靠近，就是让你离目标越来越远。我们每天所接触的人、事、物，也都在打造我们的潜意识。你要不就是让正面信息进入脑袋灌溉自己，要不就是让负面信息攻击你，成为你梦想的小偷。

有句不太好的谚语说："不如意事常十之八九。"每天说这些话的人，他每天接触的信息，九成以上夹带着大量负面信息、负面结果，如同事的抱怨、父母的唠叨、小孩不听话、夫妻或情侣吵架、主管啰唆、下属不尽责、公交车很慢等，每一件事都可能让接受者的情绪产生负面的波澜。

这些负面的情绪，都会在潜意识里刻画出一条印记。而这些印记，又会决定一个人未来的成就与表现。

当我35岁那年生意失败，人生跌到谷底时，沮丧地想："明明前几年都还好好的，为什么偏偏会在事业最顶峰的时候投资失利？"

直到去美国上了课，了解了潜意识的影响，才惊觉："我的父亲就是在三十岁出头过世，所以我的潜意识里认为自己也会在相同的岁数告别人生。"我的父亲过世那年，整个家庭经济状况陷入困境，所以我的潜意识认为自己在相同的年龄也会落入同样的景况。

很多时候我们的害怕、恐惧、畏缩、不敢追梦，都跟我们存在于潜意识里的经验有关。但不要让过去阻碍你，而是应该把这些化成帮助你成长、进步的动力。

做到这一点并不容易，但是可以练习。因此，如果要实现梦想，首先就要管好自己的每一个心思、意念。

现在，我们要请你做两个练习。

首先，试着找一个能独处的地方，找到一个舒适的姿势坐着，只需要专注于使自己保持身体不动的状态，持续15~20分钟。

在忙碌的现代社会，很多人静不下来，这个练习就是给你一个"静"的机会。

当你发现这个练习对你来说轻而易举时，可以尝试更进一步的练习：舒适地坐着，但不要想任何的事物。

此时，很多人会发现有许多想法试图冲进我们的脑袋里。但请你控制它，抑制这些思绪，让自己处在尽可能放松的状态。

这个练习的目的，是帮助我们控制自己的心思、意念。如此反复练习，在往后可以有效帮助我们控制害怕、恐惧的想法，进而让梦想更容易达成。

这两个练习并不容易，却是最基础的自我情绪管理训练，这两个练习你可以每天做，直到你驾轻就熟为止。如果你开始看《航海王》、看德鲁克的书，你可以试着去想——

如果德鲁克碰到困难，会怎么想？怎么做？

_____

_____

如果路飞碰到困难，会怎么想？怎么做？

_____

_____

怀疑与碰到困难的时候怎么办

我在美国上课时，老师要我写下每一个梦想背后的"目的"。刚开始我不懂这么做的意义，甚至想不出来。写下那些以当时的情况来看根本不可能达成的梦想，到底是有什么样的目的？

但我还是硬着头皮写：

★我在"住全世界最高档的五星级酒店"这个梦想后面写下：摆脱

"无壳蜗牛"宿命,不要过处处为家处处家的生活。

★我在"开蓝博基尼跑车"的后面写下:男人活到最后一刻,总是要享受一次贴背快感,零至百公里加速时间3.9秒。

★我在"吃鹅肝酱、鱼子酱、鲍鱼、燕窝"后面写下:即使胃溃疡与十二指肠溃疡,也要享受一次人间顶级美食。

当我洋洋洒洒写完了连自己都不知道算不算"目的"的理由,归纳出结论:

现实太痛苦,所以要享受现在的每一刻,认真过生活。

直到现在,我仍能记得这些梦想背后的"目的"。

那是一种内心悸动的感觉,是全身上下每一个毛细孔都在扩张的悸动。每写下一个字,就深切地感觉到:对,我就是在"追求快乐与逃离痛苦"!

当我开始新事业的时候,每当碰到困难,就回想这种感觉——这种血管扩张、呼吸急促的感觉,这些梦想实现的感觉——然后又像充满电一样,继续面对挑战,想办法解决问题。

或许你的"目的"更为远大:可能是为了帮助一群弱势的孩子;可能是为了让父母有好生活;可能是为了不要让孩子像自己一样重蹈覆辙……无论是什么,都算是为了一种"爱",而爱是宇宙间最强的力量。

爱的力量,可以帮助你走过任何低谷。

破产那年,本来要到美国旧金山金门大桥一跃而下,在寻觅最佳地点时,忽然有一个声音告诉我:"走过去。"

我听从这个声音,走到桥的另一头。走到尾端时,碰到一个老妇人,她手里拿着大行李箱，手上还牵着孩子，正准备要过马路。

当时不知怎么的，我竟然走过去帮老妇人拉行李。过了马路之后，老妇人回头看我，嘴里说了几句我听不懂的话。虽然听不懂，可是老妇人的眼神却深深触动了我，好像碰到我心底深处的一颗按钮——我在最穷困潦倒、一无所有的时候还能帮助人，这比我一个月在房地产月入上百万还要快乐。

在决定不死之后，那样的感觉仍然常存在心中。

是那个老妇人的眼神，改变了我的一生，让我后来有机会接触到世界各领域的大师。

是这些很好的老师们，用他们最大的耐心、爱心，改变了我，翻转我的生命。

这其中的每一个环节，都让人深刻地感觉到满满的爱。而正是这样的爱，让我愿意去完成很多不可能的任务。

如果，你在追求梦想的途中遇到怀疑、试炼，请相信：每件事发生都是好事。这些试炼是为了成就你的气度，让你有能力承担更多的责任，让你有解决问题的能力。

每一个逆境，都包含更大价值的种子在其中。无论你相信的是什么，都必定成为你的现实。

挑战就像是包裹着钻石的石头。当你被这颗石头砸到，你可以对它大声咒骂；或者，勇敢面对它，找出这颗石头藏着什么秘密，探究它为什么会砸到你。当你愿意弯下腰与它和平共处、研究它，就会发现里头闪耀的钻石——这就是所谓"化了妆的祝福"。

每当你怀疑或是遇到困难时，记住梦想已经实现的那种美好，记得你百分之百被爱时的感觉，并回想你必须实现这些目标的原因。

现在请你在每一个目标后写下你的目的，并想象这些目标达成后你的感觉，强化这些感觉，并让这样的感觉进入你的心底。

_____

_____

接着，回想你曾经感觉到百分之百被爱的时刻：或许是爱你的父母给你最深的拥抱；或许是你的祖母替你做一碗你最爱吃的古早味菠萝冰；或许是你的孩子甫出世的那一份感动；如果你有信仰，或许是聆听诗歌时那被触摸的平安……

无论是什么，记住这样的感觉。你可以轻轻地对自己说声：Great、Yes……或是任何简短又让你舒服的字眼。摸摸你的脑袋，告诉自己："这是有钱人的脑袋。"

往后，每当你碰到挑战，就回想这份美好的感觉，并轻轻地对自己说出你设定的那些字句。

这个方法可以帮助你走过任何低谷。

可视化梦想

人类是追求可视化的动物，这也是电影、3D影像如此普遍且蓬勃发展的原因。

人们热爱视觉上的享受与快感，因此，如果能让你每天都看到梦想真实地出现在眼前，对你相信的程度将会大有帮助。

这种做法很简单，《秘密》这本书全球畅销之后，也提供了无数方法，帮助你可视化梦想。

最简单的就是找出能够描绘你的梦想的图片，然后贴在床前、桌前、天花板上，让你每天早上一醒来就可以看见。

但我们要提醒的是，贴了梦想板，不代表你的梦想就会实现。有很多教育训练老师，把写目标、贴梦想板当作贴符咒，"有贴有保庇"（源于台湾俗语"有拜有保庇"，"保庇"为闽南话，保护庇佑之意），贴了梦想板，梦想就会实现。但我们也听过许多人抱怨，他们写了目标，也贴了梦想板，为什么等待大半天就是没办法实现？而与此同时，有的人几乎没贴却可以达成目标。

我们归纳出其中几项关键原因：

第一，你写下的"梦想"不是你真正热切渴望的。

当你连续一个月把目标拿出来检视之后，你会发现有的目标昨天想要，但是今天却不想要了；有的目标今天不想要，可是明天一被刺激，又激起想要的欲望。

你必须不断审视自己内心真正的渴望，尤其是那个关键目标，即一旦达成，九成的其他目标都会达成的那个目标。

第二，你用的文字不正确。

如果你身陷负债之中，你的目标可能会写：还清负债。但这些文字，其实是比较软弱无力的字眼。如果你有100万的负债，那么你应该写：赚进100万，多赚100万。因为当你写"还清负债"时，你的焦点还是放在负债上；可是当你写"赚入100万"的时候，焦点就放在赚钱上。

第三，行动力与持续力不足。

在你列下所有的梦想与目标之后，就必须开始有所行动。Action is power. 行动会产生更多正面的能量，更多的吸引力。

很多人认为所谓吸引力法则应该是坐在家里，钱就会自己跑进账户，好运就会降临到自己头上。但如果你想中乐透，你总得出门去买张乐透吧！

第四，相信的程度不够。相信是分等级的。

圣经上有段话说："信是所望之事的实底，是未见之事的确据。"

"信是所望之事的实底"，是指你心里渴望的基础。如果自己相信的程度都不够，那么怎么能够成就后面的事呢？

"是未见之事的确据"，确据的意思是根基、种子，你必须浇灌它、强化它，否则现实生活中的一点点挫折，就可能让你的信心溃散。

人们都习惯"眼见为凭"，所以可视化是梦想实现过程中非常重要的一环。你可以每天早上睡醒时，对着你的梦想板不断想象：所有的事物都已经真实地发生在你的身上。

尤其当你有一个团队时，图像化的力量更是无比强大。

我刚回到台湾时，接到3个月内要办成5000人收费演讲的任务，当时只有3个新人可以跟我一起筹办这次的活动。

于是我带着他们到台大综合体育馆，见证了一次教会办的5000人活动实况，并拍下许多照片。之后他们把照片洗出来，贴在墙上，每天到公司的第一个任务就是重复想象：这是我们办的活动。同时，贴上一张祷告墙，写满对客户、厂商、伙伴的祝福。

当全部参与这场活动的人都有同样的信念，每天就都有新的进度。过程中不是没有阻碍，但总是可以迎刃而解。

最后这场活动顺利举办，也创造了台湾教育训练史上的一个奇迹。

可视化的最终目的，是强化你的信念、训练你的信心，让你的每一个行动，都带着能量。即使遇到波折，也能够凭着信心前进，这才是可视化梦想的真正关键。

现在请你找寻你梦想的图片。

你可以翻阅杂志、广告、网络图片等，然后把照片洗出来或印下来，贴在床头。你也可以替自己设立一本梦想笔记本或梦想盒，把图片贴在上面。但最好的方法还是贴在床头，这样你睡着前与睡醒前，都可以立刻接触到这些图像，而人的潜意识最活跃的一段期间，就是在睡前与刚醒来的30分钟之内。这可以令你可视化梦想的成果更具效能。

专注的力量

你所专注的事，都会变成事实。

当你确定了自己的目标与梦想，你的专注力将成为梦想成真的关键。如果你把精力分散在太多的目标上，那么此时的力量是涣散的、无法集中的。这也是为什么，在写完目标之后，你要找出那个"一旦达成，其他目标都完成"的关键目标。因为这个关键目标，就是你必须专注的事。

假设你已经找到这个关键目标，就是年收入500万，那么你要开始问自己："如何让自己年收入500万？"此时你的专注力已经从众多分散的目标转而集中在"年收入500万"上了。

专注力就像是放大镜，而思想的力量就像太阳，是散发光和热的强大自然能量，并且无处不在。而你的专注力放大镜，就是要把存在于自然界中的光与热集中在一个焦点上。

小时候我们都做过一个实验。老师要我们拿着放大镜与白纸到太阳下，然后搜集阳光、聚焦。时间久了，就会发现纸张因为聚焦的热度而燃烧起来。

这就是专注的力量。

专注力也是帮助你克服人生阻碍的助力。

当你把焦点放在你要完成的目标上，那么途中遇到的困难，就只是在磨炼你的能力罢了。

第八章
把梦做大

我在不到20岁那年，决定投身房地产时，有人对我说："你一个乡下孩子，有办法吗？讲话都不太会讲，还要做房地产？"

当时的我害羞内向，带着乡下孩子的纯朴与老实，只知道要到台北闯一闯，不知道商场上的生存之道。庆幸的是当时有一个很好的主管帮我找到专注的力量，甚至在我连续3个月业绩挂零并且提交5次辞呈之后又一次提出辞职时，我的主管对我说："小黄，你忘记你是为什么到台北打拼的吗？"

我回忆起当初应聘这家公司的情况：

原本是要到新东阳去应聘收银员的，但那一天不小心睡过头，错过了应聘时间。

但新东阳旁边刚好有一家公司的门口贴着大大的告示：虎年征虎将。

我站在门口看着那张告示良久，心里天真地想："征虎将？那不就是在说我吗？我是属老虎的，这告示又正好出现在我想要一展长才之际，说不定这就是我锦绣未来的敲门砖！"

那时脑袋里浮现出古时候撕榜单的画面，于是恭敬地用双手扶住那张告示，然后扯下，卷成圆筒状后，带着庄重的心情，步入该公司大门。大门里坐着的是位年轻貌美的前台小姐，看见我走进去，立即起身招待。

我将圆筒状告示展开，郑重地铺在前台小姐面前，带着严肃的表情告诉她："我是来征虎将的！我就是虎将！"

前台小姐疑惑地看了我一眼，然后再看看桌上的告示，又抬头看看严肃的我，然后扑哧笑了出来。

这下换我疑惑地看着她，这位小姐已经笑趴在桌上不能自已。好不容易她停下来，又立刻转身跑进办公室，对着大家喊："你们快点来看，有人说他是虎将啦！"

接着一大群穿着西装、套装的男男女女跑了出来，对着我指指点点："他？他说他是虎将？哈哈哈！"

我站在前台接待处，脸从头红到脚底，正准备转身逃跑时，一个中气十足的声音穿透所有人群，直直射入我的耳膜："谁是虎将？"

两旁的人群让开，迎面而来的是一位跟我一样个头不高的中年男子。

这个男子双手背在背后，绕着我走了三圈，从头到脚扫了数十回，然后什么话也没说，领着我到他的办公室。

原来中年男子是这家公司的老板。他劈头第一句话就问我："年轻人，你为什么要做业务？"

我想了想说："我看到你们门口写征虎将，我觉得我是虎将，所以就来了。"

"还有呢？还有其他原因吗？你要知道，业务工作是很辛苦的，尤其房地产能熬过去的没多少人，但若你能吃苦，所有的财富、荣耀都是你的。"老板以一个长辈之姿，给我建议。

"我想要赚大钱，要光宗耀祖、衣锦还乡。"我想了想，笃定地说。

老板接着说："我希望你永远记住这句话，莫忘初衷。"

忽然间这句话像是跳针一样，在后来决意辞职时不断闪入我的脑海里。

对！那是我到台北最重要的目的，可是我真的撑不下去了。老板看见我站在原地发楞，说："小黄，房地产这个行业比任何行业都好玩，因为每个房子、业主、房客，都有独特的吸引力，你也有你的客户群，我知道你想赚钱，也知道这3个月你吃了很多闭门羹，可就是因为这样，人生才有挑战性不是吗？"

我看着循循善诱的老板，讷讷地说："可是我不会讲话、不会说谎，我真的不知道怎么样去卖房子。"那个年代的房地产有很多见不得光的黑暗面,在纯朴的乡下长大,我真的无法适应那样的环境。

老板微微笑了笑说:"那这就是你独特的优势跟市场,你把目标瞄准那些讨厌说谎的客户,不就得了?但是如果你坚持要离开,我也不会拦你,因为这是你的人生。但是记得,不喜欢这个行业的某些现况,不是逃避就好,要想想能不能尽全力去改变它?"

离开了老板的办公室,我还是打定主意要走。因为万念俱灰、被自我否定笼罩的我,听不进去任何劝告。然后,我走进公司隔壁的"天香"自助餐,跟自助餐老板夫妇道别。

自助餐老板听到我要走,十分震惊,急忙问他有什么方法可以留下我,我说只要能找到房子卖就可以了。于是老板娘走到厨房后面的一个小房间,拿出一沓房屋权属证任我挑选。

我诧异地看着老板娘,老板娘说:"这年头,做房地产像你这么忠厚老实的不多啦!你们公司有很多业务都来跟我谈过,不过我就是不喜欢他们。可是你真的是很老实,我的员工都说你是'天香'自助餐的'干儿子'。好好加油,一定可以做好的啦!"

听到老板娘的鼓励,我的眼泪就掉下来了。

原来别人眼中的忠厚老实、不善言辞,反而成为我的优势。当我真心地跟这对自助餐夫妇交朋友,竟然产生不可思议的力量。

从此以后,我就更相信自己有独特的优势,开始把焦点认真地放在属于自己的客户上面。

这样的改变,带来不可思议的效果。从我开始聚焦注意力起,我的业绩就是全公司第一名。此后又再次提高自己的目标,并且专注在新的目标上。于是,从第二年开始,我3个月的收入在当时的东区,不用贷款就可以买一套房子。

当我们专注于自己的目标，很多旁人看似阻碍的地方，其实是可以用我们的注意力弥补的。只要我们够渴望、够相信、够专注，就可以达到自己的目标。

借助几个小练习，我们就可以知道自己到底有多"专注"。

在你现在所处的环境中，随便找一项目标物，然后把注意力集中在上面3分钟。你会发现很多想法不断跑进你的大脑，因为3分钟实际上很漫长，在这个过程中，你甚至想要看别的东西，你的思绪会四处飘荡。

不要担心，多做几次练习，这能帮助你训练你的专注力。

然后选一张你最喜欢的图片，找一个舒适的位置，并且开始认真地研究这张图片。每一个细节、纹路，你都要研究。如果有人物，就注意他的五官、发型、肢体动作；如果是一个物品或空间，注意它的线条、摆放的位置。总之，任何细节都不要放过。

专注10分钟之后，闭上眼睛，开始"用心看"这张图片。如果你可以清楚地"看"到这张图片里的细节，那么说明你的专注力还不错。如果"看不清"细节，那么请你多做几次练习，这么做可以大大提升你的专注程度。

拥有伟大的梦想

人类是自然界中，唯一会限制自我成长的生物。有句话是这么说的："如果一棵树拥有人类的头脑，它就不会变成一棵大树。"

大多数时候，人类遇到困境就准备退缩了。这似乎是人类独有的警报系统，但通常不怎么准。

《有钱人想的跟你不一样》的作者哈维·艾克说："瞄准星星，至少会射中月亮。"

看到这句话时，你的左脑可能会进行批判式思考："射中月亮？怎么可能？"

那么务实些，奥图码科技亚洲区总经理郭特利先生的畅销书中说："瞄准月亮，至少射中老鹰。"

——不管你瞄准的是星星或是月亮、最后射中月亮或射中老鹰，反正别瞄准自家天花板就是了。

打从《航海王》故事一开始，路飞就宣告他要成为航海王了。

从他还是小孩子时，他就不知天高地厚地说要成为航海王。

他做到了吗？还没。

但是他进入了伟大的航道；

他聚集了一群好伙伴；

他的悬赏金额破亿；

他打败一个又一个强敌；

他被认定为危险人物；

他让"冥王"雷利——航海王的副船长，愿意当他的教练，亲自指导他两年。

路飞的梦想，让他不断地前行。在他成为航海王的路途上，一切的一切，都只是成为航海王的必经之路。

他碰到过磨难、碰到过失败、碰到过挫折，甚至失去了最重要的人，有时会陷入"完全不知道该怎么办"的困境……

但是他停下来了吗？没有。因为他离达成目标还有很长一段距离。

你呢？你的梦想是什么？什么是你无论遭受多少磨难，依然勇往直前的梦想？

_____

_____

国外的教育，促使学生从很小的时候开始就学会思考，学会判断。

苹果创始人史蒂夫·乔布斯大学一年级时，就判断出大学对他来说没有太大的帮助，因此他展开了一场探索自我的旅程——你总得知道你自己是谁。

乔布斯找到答案后，便开始了一连串的筹备与构思。不久之后，26岁的他在自家创办了苹果计算机。

数年后，他对百事可乐的总裁约翰·斯卡利说："你是想卖一辈子糖水呢，还是想和我一起改变世界？"

乔布斯一生致力于制造更好玩、更时尚，而且更有实用价值的产品。他改变了你我的通讯设备，同时改变了世界。

如果你身旁有智能手机，不管它是哪个品牌，你都可以在上面感受到乔布斯的热情和创意——那是他遗留给世界的贡献。当然，未来30年的评价如何就不一定了。

而台湾的大学生，却往往连毕业之后要做什么都不知道。更令人担心的是，因为长期处于封闭、负面的教育环境中，连梦想都被扼杀了。

当一群大学生聚在一起畅想未来时，小林可能会说："我未来想买一栋一千万的房子。"

小明马上吐槽他："一千万？你别想了啦！你哪来那么多钱？不可能的。"

小明会成功吗？不会，因为他不但自己没有梦想，还把朋友拖下水——他把负面的思想灌输给朋友。

如果你没有梦想，或许你可以暂时逃避一下，但你不可能逃避一辈子。

同时，你也不太可能没有梦想。

孩童时代，幼儿园的老师常常笑着问："小朋友，你们长大后想要做什么啊?"

此时,孩子们还能Integrity地回答问题——他们不会抑制自己成长。但是到了小学,一切就变了。

老师不再问你"长大想做什么",而开始关注你的分数。你的梦想开始凋零、开始衰败。

接着到了中学,升学压力来了。

也许你自己都不知道当你考上台北市立建国高级中学、台北市立第一女子高级中学(以上均为台湾升学率高的中学),你将来会不会快乐?会不会很有成就?很多时候,你自己都不知道为什么要念书、为什么一定要考上名校?甚至,连期许你考上名校的父母都不知道这种行为的"目的"为何?

他们和你,只是隐约意识到"考上名校是很不容易的",觉得考上名校就很了不起似的。

考上名校当然很了不起——尤其如果你是那只硬要和小羚羊赛跑的小鸭鸭。

如果你仔细观察那些正在牙牙学语的孩童,你会从他们身上找出许多富人的特质。他们勇于尝试、勇敢做梦,竭尽所能发挥创意,不忌讳他人眼光,从事自己热爱的娱乐,寻找自己的专长,想哭就哭、想笑就笑,Integrity。

你羡慕这些小孩子吗?

当你找到这些共同点的时候,你已经开始具备富人的基本特质了。你专注的焦点其实就是你理想中的特质。

现在,我们要帮助你找回孩提时代的梦想。

我们要请你计算几道简单的数学题目,只要用计算器就能算出来,但你可能会非常惊讶于这些数字带给你的冲击：

一年有几天？

_____

_____

一百年有几天？

_____

_____

假设你能长命百岁，减掉你现在的年龄，你还有几天可活？

_____

_____

一天是24小时，而你还有多少小时可用？

_____

_____

假设你的生活、饮食、睡眠占去一天1/3的时间，你还有多少小时可用？

_____

_____

现在，你或许已经清楚：其实你没有多少小时可活了。

你是想为他人工作一辈子呢，还是想要改变你的世界？

《秘密》这本书讲的是真的，宇宙会回应你衷心所期盼的：

当你认为你的目标是22K，宇宙就会很神奇地给你22K的结果。

而当你的目标是月薪十万，宇宙就会很神奇地给你月薪十万的结果。

当你的目标是亿万富翁，宇宙就会很神奇地给你亿万富翁的结果。

即使经过前面的练习，可能你还是无法想象自己成为亿万富翁的样子，甚至可能认为我们是在胡扯或是有着多金的父母，但是请记住："思想是原因，环境是结果"，你的思想会忠实地创造出你的环境。

如果你从小到大被灌输的就是"不可能""你做不到""梦想只是梦想""你注定会失败""别人成功是因为含着金汤匙"等负面语言，那就努力让这些负面的小声音烟消云散，然后重新装进正面的积极的文字。

如果你还是觉得有许多挑战，那么也许你目前无法感受《秘密》的神奇力量。我们需要你善用自己"理性"的算术能力，去计算"梦想做大"的威力有多强。

假设你不管接到什么任务，都只能达到10%的完成率，那么当我们给你以下任务——

假设你这辈子一定要成为百万富翁，你会成为？

_____

_____

假设我们要你成为千万富翁，你会成为？

_____

_____

假设我们要你成为一个富翁，你会成为？

_____

_____

很简单吧？当你把梦想做大，即使达标率仅有1%，你仍然可以得到辉煌的成就。

郭特利先生也是因为把目标设定为上司指示目标的100倍，所以成功协助奥图码从默默无名的小品牌，跃升为全球数一数二的投影机品牌。

你若想要成功，首先就不能把准心瞄向你家的天花板。把你的准心移到窗外，看看外面的世界，去看看星星多么璀璨，看看各个领域中最顶尖的人物是怎么做的。

如果你的目标是升迁，你必须把目标设定为"首席执行官"。你的目标是要成为这家公司的首席执行官，否则你待在这家公司就毫无意义。

如果你的目标是学者，你就要把目标设为"诺贝尔奖"。你的学识与贡献，至少要让你的名字在维基百科上留下一笔数据，否则你在学术领域就不会有什么成就。

如果你想获得财务上的伟大成就，你要Integrity、聚焦于贡献与服务、问对问题、找出优势领域等，你就得把目标设在福布斯排行榜上。

比尔·盖茨的资产有530亿美元，如果你的目标达标率是10%，那么你将会有53亿美元；目标达标率是1%的话，也有5.3亿美元酷吧？很棒吧！但请永远记得赚大钱的"目的"是什么？

现在让我们再问你几个简单的问题，来协助你达到目标。

你这辈子最大的梦想是什么？

_____

_____

你梦寐以求的房子长什么样子？有什么摆设？盖在哪里？打开窗可以看到什么？

_____

_____

你梦寐以求的车子是什么品牌？什么颜色？什么外观？里面有什么设备？你会开着你的爱车去哪里兜风？

_____

_____

你梦寐以求的伴侣，他／她长得什么样子？他／她怎么待你？你怎么待他／她？你们有多相爱？

_____

_____

你梦想中的孩子，长什么样子？他有多么可爱？多么聪慧？多么孝顺？多么讨人喜欢？

_____

_____

你梦想中自己究竟富足到什么程度？你的财富总价是多少？它们分别是什么？你的财力让你足以买下什么？你每个月不工作，账户会有多少进账？

_____

_____

你写下梦想的次数越频繁，你梦想中的画面就会越清晰，你的梦想也会越快实现。

彼得·德鲁克曾说："我对成为坟墓里最富有的人这件事没有兴趣。"因此，虽然他非常富有——尽管有90%的财富都低调捐出，却仍能富达五代——可对赚钱这件事不太有热情。

德鲁克致力于观察社会，洞察这个世界的未来，并尽可能对社会做出许多贡献。

在前面我们反复强调：当你聚焦于贡献，你的财富就会随之而来；当你服务的人越多，你的财富就越多。你或许也对成为墓地里最富有的人没有兴趣，你可能也对世界的贡献没有兴趣，或许你只是想让自己的生命更加发光发热而已。

在路飞的航海团即将进入伟大的航道时，他们五人也各自设立了一个伟大的目标；当草帽航海团于夏波帝诸岛遭到"完全毁灭"时，为了不再重蹈覆辙，他们又重新设立了新的目标。

你也可以设立很多目标——你衷心期盼想做的事，也就是你的梦想。你可以设定一年完成一个，或是一年完成两个、三个、四个。

你越是积极地追求梦想，达成这些目标，你的生命就越精彩；你写下目标的次数越多，你的目标就越清晰；你看到自己的目标的次数越多，你就能越快达成你的目标。这是一个良性循环。

现在，请你写下你毕生一定要达成的目标，找出一本漂亮的硬壳笔记本写上100个。

如果你有100个目标，而你每年只完成1个，你就要花100年。

如果你有100个目标，而你每年只完成4个，你还是要花25年。

然后再回头看看之前你所计算的"存活时间"，你还有多少时间，去实现你的梦想？

再问一次：你是想为他人工作一辈子，还是想要改变你的世界？

感谢耐心翻阅到此处的你！ 从事你热爱的工作！ 磨炼你天生的强项！ 想出一个大家都能赢的获利模式！ 你就能创

造出很好玩、很酷、又很实用的游戏！祝福你拥有丰盛、富饶、恩典满满的生命！Fighting！Fighting！Fighting！

第九章

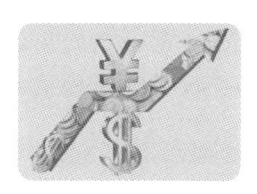

销售是致富的最有效方法

我来，我见，我征服。

——恺撒大帝

你害怕销售吗？

你讨厌业务员吗？

其实，全世界最伟大的人，都是最强的业务员。他们不仅销售产品，更销售自己的概念和团队。

当比尔·盖茨捐出巨额款项后接受媒体采访时，一位记者称赞他："您真是全世界最伟大的企业家。"

比尔·盖茨回："不，我不是最伟大的企业家。"

记者紧张了，赶紧改口说："您真是最伟大的企业家兼慈善家。"

比尔·盖茨回："不，我也不是最伟大的企业家兼慈善家。"

记者呆住了，不知道该怎么接话。

比尔·盖茨这时笑着说："我是微软公司最伟大的业务员。"

在互联网发明以前，能改变世界的，几乎都是业务员。他们对外"销售"有别于世俗既定的全新观念，逐渐得到大众认可，建立团队，然后开始"扭转乾坤"。

乔布斯年轻时，常搬着苹果一代计算机到处进行产品展示，销售他的产品和他对"计算机"的全新诠释。

孙中山先生奔走革命，靠着一次又一次"增员式销售型演讲"，改变了中国。

诸葛亮在孙吴舌战群儒，靠着无与伦比的智慧和洞察人心的远见，"销售"他的君主刘备，也"销售"他所预测的孙吴未来，令孙吴勇于迎战曹操，扬名后世的赤壁之战由此展开。

战国时的苏秦游走六国，靠着"销售与业务"，说服六国诸侯联合对抗秦国。当时他身挂六国相印，几乎可说是空前绝后。

苏秦的同门张仪，同样靠着"销售"从鬼谷子得来的智慧，以卓越的谋略协助秦国吞并六国。

你可以列一下你所认识的人当中，有哪些人是借由销售来改变世界的。

互联网发明后，有人借由分享影片来"销售"他们自己。

有人喜欢把自己唱歌的样子上传到网络。

有人喜欢把自己敷脸的样子上传到网络。

有人喜欢把自己烫头发的样子上传到网络。

有人喜欢把自己恶搞的样子上传到网络。

有人喜欢把自己打电动的样子上传到网络。

其实这都是在"销售"。

你可以开始列出你喜欢看的影片或节目，有哪些属于"销售"？他们分别在销售什么？

销售是你成功的关键之一。

销售是致富的最有效方法之一。

全世界最伟大的房地产业务员——汤姆·霍姆金斯靠着顶尖的销售技巧，年仅27岁就成为千万富翁。

虽然他这么年轻就赚进这么多财富，但他并非天生就具有销售才能。相反地，他在更年轻时，可说是一事无成，穷困潦倒。

他致富的关键在于学习——学习最顶尖的销售技巧，还有思考——思考如何实践所学的销售技巧。

如果你讨厌销售，或是你自认为不擅长销售，那你很可能忽略了"你本身就必须销售"这个事实。

一个人可能因为没有从事世俗所认定的"业务员"职业，所以一辈子都不会去销售某项商品，却不会不销售自我。

你在面试、写履历的时候，就是在销售自我。

你提交项目计划书给你的上司，就是在销售你的才能。

你请托下属协助完成公司的任务，就是在销售你或公司的理念。

你交朋友，就是在销售自我。

你追求心仪的对象，也是在销售自我。

越善于销售自我的人，越容易得到他人的信赖。但这不是要你展现出"我很行""我很强""我很专业"的感觉。

这就回到了Integrity、聚焦于贡献的话题。

"我的业务是什么？""我能为你提供什么服务？""我能为你贡献什么？"这种Integrity、为他人着想的心态，才是富人的思维，也是顶尖业务员的思维。

我们要协助你成为顶尖的业务员——就从销售自己开始。

请你想想你热爱的人，问问自己可以给他们什么服务？什么贡献？

当你不断地为他人着想，并让对方意识到你能带给他帮助，你就能取得成为顶尖业务员的入场券。

你要好好保护这张入场券，因为这同时也是你迈向成功、致富的入场券。

你要开始销售你自己给你的亲朋好友，然后扩大到事业上的伙伴，然后扩大到"还未认识的好朋友"。那些现在和你毫无瓜葛的人，都是你"还未认识的好朋友"。当你保持Integrity、聚焦于贡献，这些陌生人就会渐渐成为你的伙伴——其中或许有你的贵人也说不定。

现在请你想想，如何向你的亲朋好友销售自己？

_____

_____

接着，你要如何向你事业上的伙伴销售你自己？

_____

_____

再来，你要如何向陌生人，也就是"还未认识的好朋友"，销售你自己？

_____

_____

完全销售

销售自己是你迈向成功的步骤之一。

然而，在向他人销售自己前，有一个关键。如果你能掌握这个关键，你的销售能力就会以惊人的速度成长。这个关键就是，对你的大脑销售你自己。

时间是你最珍贵的资源，而你的大脑是你最珍贵的资产。把最珍贵的资源越多地投资在你最珍贵的资产上，你的进步速度就会越惊人。

当你花越多时间对你的大脑进行销售，你就会越发地充满魅力和自信，你的销售功力就会越发地突飞猛进。

首先，你必须打从心底相信你的能力。

其次，你必须打从心底相信你会完成任务。

最后，你必须打从心底相信并清楚想象你完成任务的画面。

你必须不断对你的大脑进行销售，你要打从心底相信你使命必达。

你完成这件任务是理所当然、毋庸置疑的——你必须打从心底相信这件事。

恺撒大帝在打败法尔奈克后，写给罗马元老院一封信：

我来，我见，我征服。

这封信被称为史上最短的捷报。

然而在他写这封捷报之前，他就打从心底里相信"我来，我见，我征服"。

这个信念在他心底就是毋庸置疑的，他理所当然地会"我来，我见，我征服"。

这种信念是你最强的武器。你的梦做得再大，如果内心没有一根坚挺的长矛，你一遇到困难就会退缩，更别提10%、1%的目标达成率。

当红脚哲普要香吉士看着路飞的背影时，他解释："就算全身上下有几百种武器，有时还敌不过充满自信的一根长矛。"

能打败全身上下都是武器的敌人，就是路飞心中坚定的"信念之矛"。

当杰克把草帽戴到路飞头上的那一瞬间，路飞的脑中就有了清楚的画面：

★ 我会再度站在你面前。
★ 我会聚集一群不输给你的好伙伴。
★ 我会成为像你一样了不起的航海家。
★ 我甚至会超越你，成为航海王。
★ 然后，我会对你有所贡献，就像你甘愿舍弃一只手救我的命一样，因为你当我是伙伴。

路飞对自己的大脑进行反复、强烈、雄壮的销售行为，所以对他来说，成为航海王已经是一件毋庸置疑的事。

他知道他会遇上很多挑战，但内心的信念让他不断朝"航海王"前进。而且他也明白，他需要一群好伙伴，陪他一起渡过难关。

所以他才会对罗罗诺亚·索隆进行"销售"："我要成为海贼王，当我的伙伴吧！"但是在决定邀索隆入伙之前，他必须反复确认"如果他不是好人，我就不会邀他加入"。

当路飞知道索隆愿意为了全村的安宁向坏人许下承诺、坚守承诺，并且为了保护善良的孩童而佯装成坏人时，他就打定主意要找索隆入伙。

路飞非常慎选伙伴。这又回到Integrity和是否对社会有所贡献的议题。

当他确认对方是Integrity的对社会有所贡献、伟大的人时，他就会千方百计邀对方入伙。而且，这个伙伴要跟他有共同的价值观，跟他有同样伟大的梦想。

所以当索隆说"我要成为世界第一的剑豪"时，路飞回：

很好，如果航海王的伙伴没有这点程度的话，我也会觉得很丢脸。

这种不知天高地厚的话，也只有对自己进行"完全销售"的人才说得出口。

你有伟大的梦想吗？那你首先要做的事是：写下你的梦想。

把梦想做大，越大越好。

瞄准星星，你可以射中月亮；瞄准自家天花板，你会射到自己。

让我们再度练习一次：你的梦想是什么？

_____

_____

再来，你要对自己的大脑进行"完全销售"。

你必须打从心底相信：

★ 你能完成这个梦想。

★ 你理所当然地可以完成它。

★ 这个梦想已经完成了。

然后，描述出你心中的画面。

这个画面是你完成梦想的画面。

这个画面是理所当然会出现在未来的，而且是不久的未来。

你越清晰地描述你心中的画面，这个梦想就越快实现。

现在请描述你心中的画面。你看到什么？闻到什么？听到什么？尝到什么？摸到什么？感觉到什么？你拥有什么？

朴实的销售

有许多书籍或是教育训练机构，利用人对成功销售的渴望，教人许多销售的话术。

然而"专精于销售的话术"是我们非常不认同的一种教育训练方式。有效的话术固然存在，而且能确实地提高成交率，但前提要建立在Integrity之上。

没有Integrity、没有真诚地为客户着想，客户是感受得到的。

客户会感受到"你的焦点在于赚他的钱"，反而会开始产生排斥感。即使客户当时没有察觉，而掉进话术中埋了单，事后还是会检视自己的行为，进而认为自己只是掉进话术的陷阱里，对你这个人产生更多负面的评价。

高明的话术是一把双刃剑，对的人使用，会令客户提早得到帮助；不对的人使用，只会害了客户，也让自己声名狼藉。

我年轻时从事房地产销售业务，就是因为太忠厚老实，不会什么话术，才会老是吃闭门羹，无法在当时黑暗的房地产界生存。但也因此，真诚的个性受到自助餐老板的赏识，建立了属于自己的"真诚"客户，从而跃升为公司第一名的业务员。

即使是现在，掌握了全世界最顶尖的营销智能教育训练系统，依然很少使用高明的话术。能成交客户的，往往是那颗真诚为客户着想的心，以及"丰盛的交换"。Integrity才是作为业务员最大的武器。

要善于运用上帝赋予你的观察力，找出问题的核心，进而对伙伴销售自己的建议，进行五维管理。

我们都很擅长对自己进行"完全销售"，心中所想的往往会变成现实。我们督促自己，持续落实德鲁克所言的"创造未来"。

有很多教育训练机构的讲师们善于用话术销售，组织营销行业中也有许多经验丰富的老销售，为什么尽管这些讲师们都是销售高手，实际状况却是无法如期退休呢？

要让客户埋单，短期看来很容易，但是放长远来看，你必须时时把客户的需求摆在你的利益之前，有时甚至需要你付出一些代价。

但是，只要你愿意这么做，之后换来的将是甜美的果实，你的客户会认同你、向别人推荐你、继续购买你的商品，甚至愿意追随你，和你同甘共苦。

当你把焦点放在"满足客户的需求"时，无论你说什么话，客户都会感受得到，当你持续真诚地为客户着想，客户总有一天会埋你的单，而你也能顺利地帮助客户实现他们的期望。

如果没有钱的未来

古代有一位将军，接到一场战役任务。那是一场几乎不可能获胜的战役，因为对手的实力比他的军队强大十倍以上。所有的人，包括他的部下，都认为打赢这场仗毫无希望。

于是这位将军带着他所有的部下，以及部队驻扎区的乡民，到一间神殿，向神明祈祷。

在祈祷结束后，将军要众人退开，留一块空地给他。随后，他大声地说："神明啊！如果这场战役我们能够获胜，就让这10枚金币落地时，朝上的全部都是同一面吧！"

将军豪迈地挥出手臂，金币叮叮当当落在神殿广场上。所有的人都惊讶地发现：这10枚金币，朝上的居然全部都是同一面！

一时之间，部下们士气大振，全场欢声如雷。

所有的人都相信这场仗必胜无疑!

将军要他的部下把这10枚金币全部用钉子钉在地上,并下令所有人都不许去碰这些金币。因为这10枚金币是神明的旨意,而神明已经把胜利赐与他们。将军宣告:他将在凯旋后回收这些金币,而且他必定会凯旋。

后来,将军的部队真的有如神助,把敌人打得落花流水。

接着,凯旋的将军带着一名心腹回到神殿,准备回收这10枚金币。

最后,这名心腹才惊讶地发现:原来所有的金币,两面的图案都是相同的!

请写下这段小故事给你的启发。

_____

_____

除了富勒博士、彼得·德鲁克与其他少数几名大师,很少有人能洞察未来、知道未来会变成什么样子的。然而,被全世界公认最会"预言"的德鲁克,却说出"未来无法预测,只能创造"这种谦逊又中肯的话。

请写下你梦寐以求的未来生活,并详细写下你要如何创造你的未来。

_____

_____

如果你开始喜欢富勒和德鲁克的智慧,你可以试着写出富勒及德鲁克有哪些预言?

_____

_____

当一个人没有退路的时候,往往能展开潜能。

试想一个你最爱的人,或许是你的孩子、双亲、另一半,如果你没有钱，将永远失去他们。

或许是因为离婚失去孩子的监护权，或许因为钱不够而失去医治双亲的机会，或许是因为经济问题被迫与另一半分开……无论是什么，如果你不在半年内立即改善自己的经济状况，就会失去你的挚爱。

如果你即将面临以上的状况，试问，你会让自己处在现在的环境下多久？

你会现在、立刻、马上开始想办法赚钱吗？

如果会，恭喜你已经找到必须致富的原因；如果不会，或许你还需要更多时间探寻。我们希望你致富。

这个世界的富人越多，这个世界就会越美好。

你可以想出千万种有钱带来的益处，你可能已经写下你梦寐以求的未来，而我们要非常务实地提醒你：你为什么要有钱？如果你没有钱的话，你会过着什么样的生活？

现在，写下你必须致富的原因。

_____

_____

现在请你想象一下，想象你是一个小村的村民，每天过着平和快乐的生活。但是你们家里不是很有钱，连吃顿好的都要想着之后必须勒紧裤带几天，更遑论什么梦想。

这可能和你目前的生活类似，而你还能忍受这样的生活。可是某一天，忽然有一伙凶暴的海贼团入侵你们的村庄，杀掉所有反抗的人，并宣告：

从今天起，这个村子由我们统治！

> 每个月你们都要纳贡！
> 大人十万！小孩五万！
> 不缴钱就拿命来换！

好了，接下来你该怎么办？

这是《航海王》中女主角娜美的剧情，暂时先不讨论暴力、自由与金钱之间深奥的关系，单单把焦点放在"如果没有钱，就拿命换"的问题上，你要如何解决这个问题？你有办法每个月多挤出十万元来换自己的命吗？你有办法每个月多挤出几个五万元救自己的小孩吗？

以娜美为例，她因此当上海贼小偷，决定用一己之力偷到一亿元，买下整个可可西雅村。当然，娜美的手段稍微负面，但重点是，当你遇到和娜美相同的情况，你会竭尽所能、誓死达成目标吗？

你或许会以为这是漫画的极端例子，和你没有关系。但我们可以跟你分享一些小故事，让你了解到这种"没钱，就拿命来换"的生活，其实就在你我周遭不断、不断、不断地上演。例如——

一个温柔内向、家境较为拮据的少女，因相恋而嫁给一位年轻有为的实业家。她为丈夫生了两个孩子，日子过得幸福又和乐。

但某一天，丈夫忽然被某个酒驾的人撞死了。

丈夫的父亲，也就是妻子的公公，早就看这个贫穷的媳妇不顺眼。这位年迈的富豪认为，穷媳妇只是想要窃取他们家的财产才嫁给他儿子的。于是他向法庭控诉：这名女子没有经济能力，没有足以让孩子得到经济效益的知识，他的孙子跟着妈妈只会受苦受难，他有权取得孩子的监护权。

老富豪权大势大，法官又受贿，便判定：这名女性如果无法在一定期限内证明自己的财务能力，就会丧失孩子的监护权。

所谓证明财务能力的条件是：半年内赚到100万美元。

想象你是这名年轻的母亲，如果不在半年内赚到100万美元，你将有可能永远见不到自己心爱的孩子。你该怎么做？（这是在美国发生的一个真实故事。）

_____

_____

再举个例子。

你深爱你的女朋友，你用生命去爱她，把她照顾得无微不至；而她也如此回报你，她对你的爱甚至比你更深更浓。

某天，她忽然感到身体不适，体贴的你，马上带她去医院检查。

在经过一系列精密检查后，医生判断，你的女友因长期接触过量的塑化剂、毒淀粉和食品添加剂，得了癌症，而且相当严重了。如果不马上接受治疗，你的女友即将在半年内死在你怀里。所幸最近有科学家研发出一种特效药，可以大幅提升你女友的存活率，甚至根治癌症。

但这个特效药，要价1000万元。而且越晚治疗，你女友的存活率越低。

好了，现在你要如何在半年，甚至更短的时间内赚到1000万元？

_____

_____

根据最新统计，每5分6秒就有一个人得癌症，每5分6秒就有一个真实的故事被报道出来。灾难总是来得如此勤劳，让千千万万人措手不及。

如果你身体不健康，你就有可能面临类似的绝境——也许下一个5分6秒，就是你或你的家人得癌症。

如果你脑袋不健康，当你遇到这样的不幸，你完全想不到有什么办法可以解决它——你不知道如何赚进大量的钱，你甚至不知道你的身体为什么不健康。

如果你口袋不健康，当绝境忽然降临，你就几乎没有什么时间去应变它。有时，你拥有再强的赚钱能力也没用，因为时间是赚不到的。

这就是我们要让更多人身体健康、脑袋健康、口袋健康的原因。所以我们提供健康的饮水和餐饮，让公司伙伴和客户都吃得健康；我们提供完善且频繁的知识与教育训练，让公司伙伴和客户都有一颗健康的脑袋；我们寻找对的人和对的企业进行合作，让我们和合作伙伴的口袋健健康康。

我们无法预知你的未来，但你可以自己去创造它——用身体健康、脑袋健康、口袋健康的方式。

现在，请你写出你要如何让你自己身体健康、脑袋健康、口袋健康，以及为什么要有钱。

_____

_____

> 感谢耐心翻阅到此处的你！从事你热爱的工作！磨炼你天生的强项！想出一个大家都能赢的获利模式！你就能创造出很好玩、很酷、又很实用的游戏！祝福你拥有丰盛、富饶、恩典满满的生命！Fighting! Fighting! Fighting!

第十章

是什么阻止了你成功

> 一个人所做的任何决定，不是"追求快乐"，就是"逃离痛苦"。
>
> ——潜能激发大师安东尼·罗宾

我们观察绝大多数社会上的成功人士，或者我们世俗眼中的"有钱人"，他们一定都有过非常强烈渴望成功与致富的动机。

人类在两大动机之下，会有强烈的改变：一是追求快乐，二是逃离痛苦。

当人在绝境中感到痛苦的时候，就会产生非常想要改变的强烈欲望。

这也是为什么九成世界各地的首富、企业家，几乎都是白手起家，并且出身贫寒。而他们的故事，也成为人们津津乐道的话题，例如王永庆、郭台铭、马云、马化腾、任正非等。

而有一批人，他们则是为了追求快乐。硅谷创业家们，就是很好的案例。例如YouTube创始人陈士骏、facebook的创始人马克·扎克伯格、微软创始人比尔·盖茨等。

每个人想要逃离的痛苦与追求的快乐并不相同，但无论如何，你必须找到自己热切渴望改变的动机。

驱动力来自痛苦与快乐

小的时候,父亲的工作是经营食品工厂。在当时的环境下算是小有规模,而且日子过得不错。

但7岁那年父亲骤然离世,家庭遭逢剧变,使我从原本的公子哥变成需要仰赖两份救济金的三级贫户。在那之后,忽然惊觉到金钱对于人生的重要性。

从此心中就埋下一颗很深的种子:未来有一天,一定要赚大钱。

而这样的剧变,也成了我后来在房地产界能够咬牙吃苦的主要原因。

在我的驱动力中,追求自由、追求乐趣、追求平安喜乐的成分,比逃离痛苦占的比率更高一点。和其他人不一样的是,我能够真诚地面对自己内心的声音,并且勇于特立独行,主动寻求未知的领域,持续用更高的标准要求自己。

我们都拒绝枯燥乏味的工作,进入一个行业时,我们都会观察这个行业最顶尖人物的生命、生活和生计水平是不是我们向往的。如果不是,我们会果断地放弃、离开。

致富不是一条轻松的路,你必须有强烈渴望改变的动机,这个动机可能是你:

★ 受够了一团混乱的生活。

★ 受够了每个月钱不够用。

★ 受够了必须看丈夫脸色才能过日子。

★ 受够了要帮孩子买一套书都必须咬紧牙撑上三个月。

★ 受够了父母只会天天唠叨你到底赚多少钱。

★ 受够了喝一杯咖啡都必须在腰带上打三个结。

★ 受够了和朋友去吃饭需要来回比较菜单上的价钱。

★ 受够了记忆里被人讥笑没钱的痛苦。

★ 受够了日复一日扼杀灵魂般的工作内容。

无论是什么，只要这些是能让你下定决心改变的事，都是好事。

在我们成长的经验里，要不就是让这些经验打败你，要不你就转化这些负面经验，成为奋发向上的动力。

如果没有遭逢家庭剧变，我也不会有勇气十几岁时独自一人到台北找工作。如果没有这些挫折，也没有力量忍受房地产环境的高温与高压。

但回过头，就会知道是什么力量支持着你走到后来的得胜成功——那个发自心底深处，热切渴望能让生活过得更好的心。

"追求快乐"与"逃离痛苦"是你两种最主要的行动原因。

快乐和痛苦是你最原始的驱动力，你想都不用想，自己就会感受到这种神奇的能量。就好像电车要有电、汽车要有汽油一样，你必须有能量、有驱动力，才会不断前进。

很多时候，你会拼命去试着完成某件事，却连自己都不知道为什么要完成它。

你为什么感到快乐？你为什么感到痛苦？

多问问自己这些问题，你自然就会找到你生命中的本质。

能让你感到快乐的是什么？

_____

_____

能让你感到痛苦的是什么？

_____

_____

一般的上班族可能没有找到自己的优势领域，没有真正了解自己上班的目的，所以日复一日地重复相同的工作。

但是对很多人来说，上班并不好玩，它不符合你的热情，不符合你的强项，不符合你的经济效益。

就算你年薪百万，若你立志要成为亿万富翁，你还是必须不吃不喝100年才有可能达成。

你还是要上班，但连你自己都不知道"为什么你必须上班"。

很多人会说"没办法，还是要去"，然后开始当鸵鸟，继续乖乖打卡。

日复一日地说服自己"一定要上班"。

日复一日地说服自己"不上班不行"。

日复一日地说服自己"一定要到公司"。

渐渐地不去思考，渐渐地变得麻木不仁。

如果你常问自己"为什么"、常保Integrity，你就不会麻木不仁。因为真正促使你前进的，应该是"追求快乐"和"逃离痛苦"。

所以我们要请教你，无论你现阶段是学生、是上班族还是任何一种行业，驱使你持续从事这项行业的，究竟是"追求快乐"，还是"逃离痛苦"？

向痛苦说永别

和"追求快乐"相比,"逃离痛苦"的驱动力似乎更强些,因为人类在本能上就会逃离痛苦。

肚子饿了就会想要吃饭,身体疲倦了就会想要睡觉,受伤了就会想要治疗或抑制疼痛。

大多数人都会想要逃离痛苦,除了对痛苦有特殊癖好的人以外。

你上学、补习、考试会感到痛苦吗?

你上班、工作、加班会感到痛苦吗?

当你花钱用于不得不消费的民生用品时,你会感到痛苦吗?

当你买了房买了车,为了缴房贷车贷而不得不工作时,你会感到痛苦吗?

许多人会为了赚取微薄的薪资,不得不委曲求全,为两斗米折腰再折腰。当你不得不做你不热爱的事情时,你就会感到痛苦。

为了帮助你增加快乐、减少痛苦,我们要提供几个问题。你要Integrity、真实、真诚地面对你内心深处的感受。

你目前的生活周遭中,有什么人、什么事、什么物,会让你感到痛苦?

_____

_____

这些让你痛苦的选项,可能有许多是你认为"不得不做"的。举例来说,许多人认为上班很痛苦,但是为了生计不得不上班;补习很痛苦,但为了考上好学校不得不补习。

《有钱人想的跟你不一样》的作者哈维·艾克曾经问:"如果有一张五十元钞票跟一张一百元钞票乘着风朝你飞来,你要捡哪一张?"

也许你会想：一百块那张。

但哈维·艾克说："你们真的很奇怪。为什么不两张都要？"

远离痛苦和你做这些让你痛苦的事的目的，你或许认为只能两者择一，但事实上是，你可以"两张都要"。

举例来说，你认为上班很痛苦，而你上班的目的是维持生计，那么，你何不想一个方法，让你可以既不上班又能维持相同水平的生活质量？谁规定一定要上班才能持续维持生计呢？

现在我们要请你"思考"出一个方案。

你要如何远离那些目前让你痛苦的东西，同时能达到你原本做这些事的目的?

_____

_____

如果让你花钱也能赚大钱，你会有兴趣吗？你有多渴望知道花钱又能赚大钱的方法和策略？你有多渴望知道吃喝玩乐也能赚大钱的秘密？

很多时候，有钱人想的跟一般人真的不一样。

你必须常常练习去思考"如何两个都要""如何让每个人都赢"，这是富人的思维。当你习惯用富人的思维去思考事情，你就会发现生命开始变得不一样。

首先你要学习如何"逃离痛苦"。

"逃离"和"逃避"是不一样的。

当你能用不痛苦，甚至快乐的方式，达到你原本设定的目标，你的思考能力就往前迈进了一大步。

快乐是人生的关键

"追求快乐"是你另一个强大的驱动力。

因为快乐、因为好玩、因为有热情,你才会持续去追求。

就像我们写这本书一样,过程很好玩,同时可以帮助你的生命更好玩——只要你撑过Integrity地检视自我所带来的挣扎和纠结,那你的生命就会开始翻转。

五岁的时候,妈妈告诉我"快乐"是人生的关键。

上学以后,他们问我长大的志愿梦想是什么?我写下"快乐"。

他们说我没搞清楚题目,我告诉他们是他们没搞清楚人生。

——甲壳虫乐队已故主唱约翰·列侬

许多人会告诉你上班族的生存之道,他们会给你灌输一些观念,更多的时候是洗脑,让你觉得上班本身是有意义的。

上班本身当然有意义,但如果这个"意义"不是你衷心期盼、不是你内心深处真诚、诚恳的声音,你就只是在欺骗自己。

正如前面所提:穷人不愿对自己Integrity。

在前面关于"优势领域"的章节中,我们请你试着找出你热爱的领域,现在,我们要让你常常快乐起来。

请问你在什么情况下,会由衷地感到快乐?

_____

_____

请问你要如何在生活中，时时刻刻融入上题中让你由衷感到快乐的情况？

_____

_____

如果你能认真写下这些问题的解答，你不但能同时达到"逃离痛苦"和"达到经济效益"的目的，也能在你的生活中时时刻刻感到快乐。

如果你能把痛苦的事转化成快乐，你就有能力解决更多问题，你的思考能力就会大幅提升，而且让你的生活充满乐趣。

我两个都要用

那么原始驱动力要用"逃离痛苦"，还是"追求快乐"好呢？

答案是：两个都要。

草帽海贼团一开始的驱动力，是每个人心中那个伟大的梦想，这是"追求快乐"的层面。但是到了夏波帝诸岛，草帽海贼团遭到"完全毁灭"时，他们的驱动力就添加了大量的"逃离痛苦"的成分。

为了不再战败，所以要努力修炼。

为了不再失去伙伴，所以要努力修炼。

为了不再悲痛万分，所以要努力修炼。

在分开的两年中，草帽海贼团每个人都在寻找更新的突破点、更卓越的战斗能力、更适合自己优势领域的战斗风格，于是两年后，当草帽海贼团再次出航时，每个人都具备独当一面的能力，即便是非战斗人员，也有冷静对战、打败强敌的能力。

其实，无论是"逃离痛苦"还是"追求快乐"，都是为了加强你的决心。如果从一开始，你就有无法动摇的决心去达成某个目标，那自然是最好；如果没有，那你可能还需要一点刺激。

只是请注意，天无绝人之路。我曾经负债两千万、身无分文、内伤累累，都有一连串的机缘巧合让我从幽谷中翻身，最后娶得美娇娘，享受天伦之乐，更何况是一般人呢？真的要尽心尽力活得精彩，上天自有安排！

不够富裕没关系，但我们比较担心有许多人的人生仅有"好好念书、努力工作"一条准则，当这些人认为这条准则是死路时，可能自己也跟着走上绝路。

条条大路通罗马，只是有的路需要披荆斩棘，有的路已经有前人帮你开拓过，但没有一条路是死路——除非你自己认为是死路。

"逃离痛苦"，绝对不是叫你拿生命来换取逃避。

"追求快乐"，也绝对不是叫你提早上天堂。上帝怎么会开门迎接那些放弃自己的人呢？

贪婪与恐惧

人都会贪婪，也都会恐惧。贪婪和恐惧是让你丧失理性的最大敌人——尽管"理性"并非成功唯一的制胜因素。

现在请你列出容易让你产生贪婪欲望的人、事、物，以及什么时候你会感到贪婪？

_____

_____

再来，请你列出容易让你产生恐惧的人、事、物，以及什么时候你会感到恐惧？

_____

_____

穷人为什么穷，因为他们很容易输给恐惧。或许是恐惧自己和家人没有钱过日子，或许是恐惧他人对自己有负面的评论，或许是恐惧其他的东西，例如"被他人拒绝""失败"或"耻辱"。

然而，这些所谓的恐惧，大部分来自你自己的想象。

真正的恐惧来自无知、来自没有爱，无知又产生负面的想象，再被负面的能量无限放大。就好像死亡或鬼魂一样，人人害怕死亡或鬼魂，是因为不了解死亡和鬼魂。

人类对死亡充满无限想象——从正面来看，也同时衍生出各种文学作品。

哈利·波特不畏惧死亡，慷慨就死，这才能战胜伏地魔。

彼得·德鲁克称之为"旷野中的先知"的精神导师巴克敏斯特·富勒博士，也参透了死亡的真谛。

在富勒博士的伴侣即将往生时，富勒问："亲爱的，害怕吗？要我去陪你吗？"他的妻子点点头，不久就长眠。30小时内，富勒也跟着安详地睡了。

我们可能穷极一生，都无法达到富勒博士说走就走的境界，但我们至少可以做到"了解恐惧只是想象"这种程度。

你怎么知道创业一定会失败呢？

你怎么知道投资一定会失败呢？

你怎么能用"负面的想象"来论断你从未到过的地方呢？

你怎么能用"负面的想象"来论断那些成功人士"金汤匙""利用人脉""狗运亨通"，自己永远也不可能这么"幸运"呢？

现在，请你在之前你所列出的恐惧列表中，找出让你恐惧的原因。

你可能会发现，这些会让你恐惧的项目，多半只是来自于你的想象。

你对上台演讲感到恐惧吗？你怎么知道观众会不会朝你丢烂番茄呢？

你对和总经理抬杠感到恐惧吗？你怎么知道总经理会不会对你喷口

水呢？

你对改变世界这么好玩、又很酷、又很有实用价值的任务感到恐惧吗？你怎么知道你注定会失败呢？失败了又怎样？

如果你试着去行动，你会发现上台演说会是一件很好玩的事，同时它能让你更快实现梦想。

如果你试着去和你家的总经理抬杠，你说不定会发现你的总经理其实非常和蔼可亲——如果一个人没有和善的一面，是不容易当总经理的。

如果你试着去改变这个世界，你说不定会发现其实你的能力不只如此，只是你让自己被恐惧限制住了。

现在，请你写下你以往梦寐以求都想做的事，并把你对这些事情的恐惧拿掉，用正面的文字激励你自己吧！

赌博、投机和投资

赚钱的方式有千百种，而赚钱的心态大致分为三种：赌博、投机和投资。

1. 穷人喜欢赌博

他们自以为自己在投资，比如买了几张好像很好赚的股票，其实他根本不了解他们的投资目标。他们根本不知道一分钱可以带来多少回报。

穷人不愿意学习和思考，喜欢找借口而不喜欢找机会，同时害怕了解真相——恐惧让他们寸步难行，并且变得越来越无知，也越来越穷。

2. 商人喜欢投机

他们自以为是投资，其实想要贪小便宜。他们想要用一分钱换取十分的报酬。

商人喜欢找一些可能谋取暴利的投资目标，让贪婪驱使着他们前进。

他们不顾对社会与世界的毁灭，只要自己能赚钱就好。他们让他人承担一切风险，自己窝在安全的角落数钞票。

商人贪婪的同时也非常矛盾地恐惧着。他们渴望自己获取暴利，同时害怕自己没有获取暴利，所以会用各种手段去包装他们的投机风险，并对外宣称这是投资。

商人不聚焦于贡献。于是，信用违约交换、次级房贷、复杂的金融衍生性商品、金融海啸，一个个糟糕的制度引发一个个糟糕的灾难，高潮一波接着一波。

贪婪总是会让人失去自我，会让人无法聚焦于贡献与服务，并且在得到之后还想要得到更多。

贪婪可能会让你"有钱"，但绝不会让你"致富"。现在，就请你在你之前所列出的贪婪列表当中，找出让你贪婪的原因。

3. 富人喜欢投资

他们知道一分钱只会有一分回报，而且要付出至少一分的努力。

富人会很好地控制他们的贪婪和恐惧，他们不玩投机性的金钱游戏，而是聚焦在操作金钱的人是否Integrity。

德鲁克认为，富人的财富来自于"服务客户"与"提供好产品"，而不是金钱游戏，因此遵照德鲁克指示的企业家都获得非凡的财富。

雷曼兄弟破产前6个月，曾致电给巴菲特，希望他能投资40亿美元，巴菲特婉拒了。美国最大的房地产公司房地美也曾要求巴菲特进行投资，巴菲特同样婉拒了。

短短6个月后，雷曼兄弟宣告破产，引发金融海啸。房地美和房利美受到冲击，转向美国政府求助，最后倒霉的是缴税的人民。

真正的富人不玩投机性的金钱游戏，他们把钱投资在拥有良善核心价值的企业上，稳扎稳打地进行"麦当劳致富计划"，最后累积巨大的财富。

你有兴趣知道富人的"麦当劳致富计划、多元收入、财富七大定律"吗？更多的详情将在后面的章节和作品一一介绍。

如果你想要赚大钱，你可能要先克服贪婪和恐惧这两种负面情绪，把这两种负面的驱动力转化成正面的驱动力。

"追求快乐"和"逃离痛苦"是比较正面积极的一种选择。然而最好的是"使命感""核心价值"和"聚焦于贡献"。

我们在前面几个章节和你分享了富人的诸多特质，在进行下一个阶段前，我们由衷地盼望你至少具备一样的富人特质，并运用这项特质，创造一个属于你的财务蓝图。

现在，请你运用你最珍贵的资产——你的大脑，想出一个不会让你贪婪，也不会让你恐惧的致富计划。

富人脑袋里想的总是和一般人不一样。

你可能以为他们都在研究"钱"，其实他们都在研究"人"。

你可能以为他们常关注着某家公司的股票曲线，其实他们都在关注这家公司的核心价值、行动是否与其价值观相符。

你可能以为他们都很小器，其实他们都是慷慨大方、乐于分享致富之道的好人。

我们曾经认识一位非常富有的美国人士，尽管语言不通，他却非常热情地欢迎我们搭飞机去他家里玩，而且打算招待我们去迪士尼乐园。

这个人的目的是想图些什么吗？老实说，当时他根本不知道我们是谁。

感谢耐心翻阅到此处的你！从事你热爱的工作！磨炼你天生的强项！想出一个大家都能赢的获利模式！你就能创造出很好玩、很酷、又很实用的游戏！祝福你拥有丰盛、富饶、恩典满满的生命！Fighting！Fighting！Fighting！

第十一章

富人的小秘密

我们想要和读者分享富人诸多小特质的其中一个：

富人会释放正面能量。

举凡微笑、友善、问候、感谢、鼓励、赞扬和举手之劳，都是富人最喜欢分享出去的东西。

这些东西本身就是一种正面意图凝聚而成的正面能量，它会在你周围绕上一圈后，以更大的规模回到你身上，然后再透过你转变成更大的正面能量。就像伟大的航道中，那种无比庞大的海底旋涡。

这种人类无法理解与抗衡的力量，也是宇宙的法则之一。就像Integrity一样，顺应它，你就一帆风顺；忤逆它，你就糟糕透顶。

举例来说，你今天出门时，送给大楼管理员一个微笑。这个无意的小动作，可能令大楼管理员感到心情愉快。

大楼管理员因为心情愉快，送给小区的一名小孩一颗糖果，并且顺便向孩子的母亲道声早安。

这位母亲觉得心头暖暖，在今天下午收快递时，随口称赞了送快递的年轻送货员，说他手脚利落。

这名送货员可能是个菜鸟，无意间受到称赞，顿时感到自信满满。刚好这名送货员当晚家里要给爷爷祝寿，爷爷问起孙子的近况，这名送货员就把这件事告诉了爷爷。

爷爷听了之后心情大好，隔天到了公司，又看到他的一名下属经常面露微笑，就对这名下属上了心。

过没几天，爷爷发现这名下属表现良好，就请他到餐厅一起用餐。说不定这位爷爷是这家公司的董事长，也说不定你就是那位下属。

这是很神奇的事。

你无法预测一个微小的变量，能对未来造成多大的影响。这就是蝴蝶效应：南半球的一只蝴蝶多扇了几下翅膀，就可能在世界另一端造成龙卷风。

所以，你要试着去释放这种免费、正面的能量，它会扩大好几倍，再回到你身边。当你接受了它，把它转成更大的正面能量，然后它又会带着更大的能量，重新流到你身边。

当你亲身感受过这种被正面能量包容的感觉，光是细数恩典，就会泪流满面。我们团队每年都会在小年夜"细数恩典"。

现在，我们想要协助你释放这种微小的正面能量，它是轻松的、免费的，不花什么力气。

免费的正面能量，包括微笑、友善、问候、感谢、鼓励、赞扬和举手之劳，请你回顾你的生命，你拥有最多的是哪种免费正面能量？你要如何放大这种正面能量？

_____

_____

免费的正面能量，尤其是赞赏，依Integrity与否，会有不同的效果。当然，你是真诚地付出，或是为了回报而付出，宇宙会知道。

居心叵测的人，在称赞别人时，并不会Integrity。他并非真诚地称赞别人，其目的是想让自己更受欢迎，或是取悦他人以待日后获利。

Integrity的人在称赞人时，是发自内心地赞赏，他会为了鼓励他人、给他人自信，给予适当且正面的能量，而没有意识到自己是否有利可图。

Integrity是富人最重要、最强大的秘密武器，也是德鲁克再三强调的品格。Integrity与否，会决定你释放出的能量是否正面。

现在请你回想，你在什么情况下会释放免费的正面能量？当你释放这些能量，是否Integrity？

庆祝的能量

富人有许多小秘诀，其中一个就是"热爱庆祝"。

请你仔细回想，我们在什么情况下会庆祝？比赛胜利时，金榜题名时，还是乐透中奖时？

"庆祝"是一种高频率、高能量的正面能量爆发，它会引起周遭他人正面能量的共鸣，在一瞬间就能卷起正面能量的旋风。

富人有事没事就在庆祝。当你初次接触他们，可能一开始会不习惯他们的热情活力、友善慷慨、贡献与关怀。

他们连一点小事都会庆祝——孔雀鱼生个小孩他们都会嘻嘻哈哈，让自己去习惯沉浸在正面能量的环境中。

你可能会讶异：这个世界哪来这么多事情好庆祝？

当你生活在无聊困顿的环境中，你自然会认为没有什么事好庆祝，因为你自己就认为你的生活很无聊了。但是当你愿意用正面、积极的态度去重新检视自己的生活，你会发现你的生命如此好玩，而且真的有许多事情值得庆祝。

请记得，思想是原因，环境是结果。

路飞的海贼团，没事就在开宴会、演奏音乐、制造有趣的小麻烦，让生活变得更有乐趣。

尼克·胡哲是一名海豹肢患者，这是一种生下来就没有四肢的罕见疾病。他连生活都难以自理，更遑论牵着心上人的手共度余生。

但是当他走过人生的死荫幽谷，他变得比任何人都更有热情、更享受生命，并在2012年结婚，甚至育有二子了。

海伦·凯勒幼年因急性脑炎导致失明又失聪，她看不见、听不到，又因而学不会讲话，却仍旧努力坚强地活下去。

所以，你若从生下来就四肢健全，看得到又听得见，实在是一件值得欢庆的事。如果你曾经口袋紧到要靠喝水度日，那就会觉得吃饱穿暖是一件非常幸福的事。

仔细观察你的生活周遭，一定有一些值得你欢庆的事。把这些事记录下来，它们是你正面能量的种子，并请你努力放大这些正面能量。

神奇的捐献能量

在今天已经如此进步的地球上，仍旧有大量的民众因饥饿而死亡。在撒哈拉以南的非洲和南亚，有大量的儿童因饥饿和营养不良而死在母亲的怀抱中。

即使你一无所有，但只要你生在中国台湾，就不太可能因饥饿而死。

因此，这正是你展现贡献与服务的时候。

你可以捐款，捐给你感兴趣、想要有所贡献的基金会。

你可以选择捐款给致力于拯救饥荒的基金会，你可以选择捐款给致力于拯救罕见疾病的基金会，你也可以选择捐款给致力于拯救地球环境的基金会……

比尔·盖茨将微软公司交给接班人后，就将全部心力放在根绝小儿麻痹上了。

功夫巨星李连杰为了成立壹基金，也逐渐淡出演艺圈，他的理念是

"每一个人，每一个月，只捐一块钱，成就伟大的贡献"。

你可能会想：这些人都是有钱人，才有钱有闲去做这些捐款的事。但我们要提醒你：致富的原则是要先有贡献与服务，才会跟着有钱，而你的财富和你所服务的人数呈正比。

比尔·盖茨的微软系统服务了几近全世界的人，因而致富。李连杰也因为贡献他的武打技术，再利用电影作为杠杆，服务了中外广大观众。

捐款这件事，是非常神奇的。你所贡献的金钱，会扩大几千几万倍，变成另一种形式的财富，重新回到你身边。

这些"基于良善意念而贡献出去"的金钱，在这世界绕上一圈后，会带来更大的财富旋风，在你周边萦绕，成为你的祝福与资源。

基督教会中的"十一奉献"，也是基于同样的理念，甚至还矢志传递幸福的声音——福音。德鲁克可是奉献了90%的收入。

在路上可能会有基金会请你填问券、请你捐献，不用客气，慷慨解囊一下吧！

你可能会接触到各式各样的社会型企业，营利的目的是对社会产生更大的贡献，不用客气，好好交个朋友吧！

想想你所遇到的一切需要帮助的人和组织，想想自己能为他们贡献什么，然后把它写下来。

你可能会担心基金会、社会型企业、非营利组织等，会不会拿你辛苦赚的钱去乱花，帮助不该帮助的人，那么你就要了解管理，要了解彼得·德鲁克与富勒博士，因为管理适用于一切营利组织和非营利组织，甚至学校社团。

文字代表力量

在YouTube上有一个影片《文字的力量》。

这是个不到两分钟的影片，描述一位女性如何只用一行文字帮助一位盲人乞丐。

你可能会很惊讶，仅仅只是一行字，竟然能让这名盲人乞丐的"营业额"大幅提升，为什么呢？

原因在于这段文字非常令人感动。

现在请你试想，那位女性用什么样的文字帮助那名盲人乞丐？

在这里就不透露那段文字究竟写了什么，我们要谈的是：文字本身就是一种力量。

从早上起床开始，你所看到的第一个文字就拥有强大的力量。

请你试想，当你每天早上起来，就看到"快乐"两个字，连续100天后，你的心情会是快乐，还是沮丧？

再请你试想，当你每天早上起来，就看到"沮丧"两个字，连续100天后，你的心情会是快乐，还是沮丧？

成功致富的一个秘诀在于：注意你的思想，管理你的大脑。

没有经过正确且长时间的训练，你可能没办法在短时间内管理你的大脑。但文字本身就拥有影响大脑的强大力量，而改变它们并不困难。

你所说出口的每句话、你所听到的每句话、你所看到的每段文字、你所写下的每段文字，都拥有你无法想象的强大力量。

现在请你回想，你每天早上起床后，第一个接触到的文字或语言是什

么？如果你不满意，你要如何改善这种情况？

_____

_____

如果你每天早上起来，就对你枕边的伴侣说："早安！和你在一起是我最大的幸福！"持续释放这种正面的能量和力量，持之以恒100天，你会发现你的伴侣变得更加光彩夺目，更加明亮动人，也变得更加爱你。

你借由正面的文字所释放的正面能量，会经过你伴侣的内心，让他/她回馈正面的能量给你。你们两人会创造出只属于你们的甜蜜小旋涡，让你们的关系更加亲密。

现在请你想出一句用来对你最亲密的伴侣所说的话；如果你是单身，你可以想一句用来对自己说的话。

这种训练可以帮助你或你的伴侣成功，关键在于持之以恒，而且Integrity。

但相反地，如果你一早起来，就对你枕边的伴侣说："我怎么会瞎了狗眼和你这种人在一起？"情况会怎么样？

首先，就算你觉得自己选错伴侣，也不要把自己比喻成某种畜生。就像某位顾客因为不满某公司的产品，在投诉单上写"只有白痴才会购买你们的商品"，而被客服人员回复"请您不要这样批评自己"一样。

其次，你越是批评你的伴侣，你的伴侣就会越讨厌你。到最后，你们中间会累积非常多的负面能量，总有一天会爆发而毁掉你的人生。

现在，请你回想你每天早上起床所说的第一句话是什么？

如果你早晨起来想的、说的都是"好烦，又要起床上班了"或是"他××的！又快迟到了，我怎么会这么倒霉？"等负面的语句，你这一整天都会很不顺利，而且是毋庸置疑的。

因为你打从心里就不喜欢这种感觉，你以为把抱怨说出来就是一种负面能量的宣泄，却不知道这种文字会使你陷入更深的负面的旋涡。

如果你不喜欢你的生活，你为何要持续这种生活呢？

在电影《我是传奇》中，威尔·史密斯饰演一名在几近绝望的环境下奋斗的英雄罗伯特·奈佛。

整个城市被人力所无法抗衡的怪物所毁灭，而且弥漫着常人无法理解的病毒。罗伯特·奈佛选择一个人在这种绝路中生存，并试图找出拯救世界的解药。他唯一的伙伴是一只狗。

如果他没有保持运动、保持乐观积极、保持亢奋的战斗力，他是不可能在这种环境下生存的。

他每天所想的，一定是正面的思想和文字，他所说的是正面的语言，甚至把求生当作一件非常刺激的游戏。

你不喜欢你的生活吗？你觉得你的状况比罗伯特·奈佛还惨吗？

现在，请你比照自己和罗伯特·奈佛的处境，然后用正面的文字欢庆你的生活。请记住，富人热爱庆祝。

_____

_____

文字所代表的力量，可能比你想象的还大。

对于你想要表达的意思，如果用不同的文字，就可能产生截然不同的效果。

举例来说，如果你即将上台演讲，你感到非常紧张，你的朋友可能会基于善意地告诉你："不要紧张。"但是，"不要紧张"这段文字，本身却依旧包含了"紧张"两个字，结果你更紧张了。

你该接受的文字，本身就要蕴含正面的力量。

与其说"不要紧张"，不如说"放轻松""要兴奋"。

与其说"不要犯错"，不如说"一切都会很顺利"。

与其说"不要失败",不如说"一定会成功"。

与其说"我唯你是问",不如说"我相信你""我相信事情会越来越好"。

现在,请你回想你过往所说的文字,有哪些是本意良善却蕴含负面能量的文字?你要如何改善你的文字?

_____

_____

路飞的口头禅是:我要成为航海王。

他把这句话视为理所当然的结果。这是他对自己"完全销售"后,充满信心、毋庸置疑的结论。

他的思想充满自信,自信的思想转化成正面的文字,再反复强化他的自信,同时也让他的伙伴感受到这份自信。

或许你可以计算《航海王》从以前到现在,路飞说了几次"我要当航海王"?

正因为《航海王》是如此激励人心,才会有读者闲闲没事去数《航海王》总共有几个惊叹号。

这种毅力和肯定被《航海王》的作者尾田荣一郎老师知道了,也会让他更加卖力地去画出更棒、更感动的故事。

你想像路飞一样,充满自信、魅力和勇气吗?

你能成为你的人生舞台的主角吗?

那你就不能再人云亦云了!

现在,请你想一段正面的文字。这段文字能创造你的自信、魅力和勇气,你会因为反复说出这段文字,而变得更加强大。这段文字就代表了你自己。此时!此刻!

你如果觉得这个章节对你的致富之路帮助有限，不是你想听的，我们可以跟你分享一个小插曲。

某日，我忽然收到一条短信，那是以前的一位学生发来的，上面写着：

老师，谢谢您。您送给我的那张卡片，让我又多赚了4亿元。

那张卡片上面写了什么呢？
其实也没什么，就是一堆正面的文字罢了。
就这么一个简单的方法，让无数学员拥有自己的财富人生。

感谢耐心翻阅到此处的你！从事你热爱的工作！磨炼你天生的强项！想出一个大家都能赢的获利模式！你就能创造出很好玩、很酷、又很实用的游戏！祝福你拥有丰盛、富饶、恩典满满的生命！Fighting! Fighting! Fighting!

第十二章

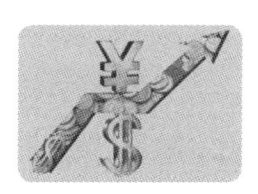

十二

世界的 ONE PIECE

> 人人都以为我们是卖汉堡的。其实我们是做房地产的。
>
> ——雷·克拉克

你知道全世界最有钱、最成功的企业家都在做什么事吗？

你可以用你最强的武器——你的大脑，试着去思考这个答案。

全世界最有钱、最成功的企业家，都在做"麦当劳致富计划"。

麦当劳致富计划是最安全、最稳定、同时最强大的致富公式，分为三个步骤。

第一，建立系统：创造大量且稳定的现金流。

第二，转投资：选择你熟悉且热爱的金融衍生性商品。

第三，购买并投资房地产。

哪一个最重要？稳定获利模式的现金流。

若想要获得辉煌的成就，就必须遵守麦当劳计划的三个步骤。

你必须一步一步来，不能像跳棋或跳房子一样，直接从转投资和购买房地产的阶段开始。当许多人在开办教导金融衍生性商品或是房地产的课程时，你必须感到恐惧，你要在大部分人贪婪时感到恐惧。你要更谨慎地判断分析，尤其是你有没有大量且稳定的现金流——如果你没有一套好的系统、好的获利模式是不能乱投资的。

第十二章
世界的 ONE PIECE

一个好的系统，将会为你提供大量且稳定的现金流，以负担你可能在投资金融衍生性商品时，所承担的风险。

假设你拥有一个优良系统，这个系统让你不需要非常费力就能每个月多领15万元，就算你在投资中失去5万元，你也不会太心疼，更不会影响生活。

如果你的系统能帮你创造每个月50万的收入，你就算亏损10万元，也是你能承担的风险、学费。

如果你的系统在帮你赚钱，你在投资时就不太容易感到贪婪和恐惧，你会有时间慢慢研究几项你有兴趣的金融衍生性商品，用理性，或是更强大的吸引力法则，扎实地把你的小钱变成大钱。

你不会也不能想要一夕致富，你唯有知道稳扎稳打才会赚大钱。

在经过第一阶段，建立系统的考验后，你会了解到如何打造一座属于自己的金山，而这座金山银矿会建立在正确的价值观、扎实的训练和丰厚的知识基础上。

如果你想跳过第一步，直接追求第二步、第三步的话，你可能会像我年轻时，惨遭滑铁卢一样重大亏损。

20年前我投资房地产失利，由于没有大量且稳定的现金流支持，贷款和生活压力就是噩梦的开始。

后来透过世界顶尖的教练教导并且遵守麦当劳计划，一步一步按部就班，逆势创造上亿资产，进而更是运用所学，协助台湾学员成为百万富翁、千万富翁、亿万富翁销售高手或是组织营销高手，每个人其实都可以创造1块钱变成100万的传奇。

你也想要创造1块钱变成100万的传奇吗？你可能也会想：一个平凡的上班族，如何建立属于自己的系统？我们在后续的作品与书末的课程中将会揭露，不过我们现在要请你回想之前的所有章节，你会在其中找到一些端倪。

当你越认真和我们互动，越认真去体会这些富人、成功人士脑袋里的思维，你就离财富之路越近。

你可以现在就试试，想想要如何创造属于你自己的麦当劳致富计划？想通了，就与我分享。

_____

_____

这个过程并不容易，只是当你越努力向前，你就会感到越轻松。就像跑步或重量训练，你每天坚持往前迈进一小步，就会有所成长。假以时日，或许数年、或许数十年后，你会说：

用一块钱变成一百万？这对我来说太简单了。

这个时候，就是该你真诚分享的时候

请记得，富人聚焦于贡献、乐于服务他人、永保Integrity。

拥有大量现金流的房地产

全世界的有钱人们，或多或少都跟房地产有直接或间接的关系。就拿台湾的几个财团来说吧！

许多保险公司从保户这边收了保费，然后开始买地投资房地产，进行房地产开发，并且赚了许多钱。

有的金融控股公司有自己的银行，资金不成问题。

更有公司是工厂的土地增值，不是本业赚钱。

有很多上市公司喜欢转投资，购买土地或房地产。当然证交所会有相关规定，但这些企业总是有办法规避其中一些不明确的灰色地带。

发现什么了吗？

拥有房地产是富者越富、贫者越贫的关键。

如果你想致富，房地产是你绝对要了解的投资工具。

你或许会说："我连住的房子都买不起，怎么投资房地产？""赚钱不容易，我的好多朋友之前也在房地产赔钱。""房地产风险太高了啦！我承担不起！"

请注意，这就是你对房地产的态度。

如果你已经有先入为主的负面观念，就不要勉强投资，因为你不会在房地产赚钱。

你深切相信的都会成为事实，我们能让你做的，是看清有钱人的现实，最终决定权还是在你自己。

麦当劳计划就是一个有关房地产的致富系统。

想想麦当劳的店面是开在哪些地方？市中心？精华地段？高价店面区？每个"地点"都是经过计算和规划的。对了！这些就是答案。

麦当劳最早是从卖汉堡起家，这是它的第一份收入。然后它开始拓展分店，贩卖加盟连锁系统，开始了第二份收入。

有了前两份庞大的现金收入，把钱放在银行岂不是太浪费了？于是它开始买店面。虽然不是每一家麦当劳的店面都是用买的，有的是用租的，可是麦当劳所买下的店面几乎都是精华地段。

从开始有麦当劳到现在，我们可以算一算房价涨了多少，麦当劳的第三份收入净赚多少？

有些地区房价的涨幅非常惊人，还超过卖汉堡的收入呢！

这就是有钱人真正的致富计划。

或许你会说："我们都是平民老百姓，怎么有办法像麦当劳这样大手笔地买店面、做投资呢？"

但我们可以从单一对象或是自住宅开始。或许你收入不够，连买一间房子都没办法，这就是为什么我们在之前提到要先开创"稳定现金流"和"多重收入"。

因为唯有你开始有稳定的庞大现金流，才能进入房地产投资，否则房地产投资很容易变成南柯一梦。唯有你开始与银行培养好的关系，才能拿到更优惠的贷款条件。

这不是教你炒房，而是告诉你有钱人真正的投资致富之道。

你一个人的力量有限，但你可以找几个跟你有相同想法并且信得过的人合作。人要找对，要用闲钱投资，要用养地的概念，就像公司需要资金时招募股东的意思是一样的，只是合约要写清楚。

看清楚有钱人的真正致富系统，你才有机会轻松地"退休"。

我父亲那一辈，他们总共有7个兄弟，早年一起经营传统生意。他们从传统生意赚了钱，就开始在台北买土地，由大哥总管整个大权，其他人则负责帮忙打理其他相关事务。

从50年前的台北开始买，不断地买，买到现在几个长辈都已经七老八十了，累积的身家资产不计其数。一个兄弟分到的财产，光收租金一个月就可以收超过300万台币。

这就是有钱人的致富法宝。

值得参考，但是要先花时间做足功课。

感谢耐心翻阅到此处的你！从事你热爱的工作！磨炼你天生的强项！想出一个大家都能赢的获利模式！你就能创造出很好玩、很酷、又很实用的游戏！祝福你拥有丰盛、富饶、恩典满满的生命！Fighting！Fighting！Fighting！

第十三章

管理好你自己

我们无法证明自己能管理别人，但我们总是可以管理自己。

——彼得·德鲁克

致富之路上有许多"元素"，而这些"元素"是一本万利的，简单容易的。当你拥有这些"元素"，并且持之以恒地使用它们，你会发现总有许多美好的事情，忽然降临在你身上。这些元素包含：

★ **真诚、诚信、正直、良善、好品格、好态度。**
★ **懂得感谢。**
★ **实践管理。贡献社会。**

"健康的富裕"一词无法用具体的账户数字或是月收入来衡量，它是一种包含身、心、灵的平衡式成功，在生命、生活与生计上拥有令人向往的水平与灵性。

坐拥名车、豪宅，却不懂得感恩与贡献，这种状况不能被视为"健康的富裕"。

餐餐大鱼大肉、夜夜纸醉金迷的放纵生活，却没有健康的身体，也不能被定义为"健康的富裕"。

当你懂得真诚待人、凡事感恩，你就具备了"富人"的基础特质。我所认识的许多亿万富豪，有些人并没有什么过人的技能，但能够"真诚地感谢那些帮助他们的人",结果不知不觉变得很有钱。

当你懂得"真诚的感谢",你又懂"真正实践的管理",那退休之日便指日可待。

谈到管理,人人往往会想到"管教""上对下的约束""不自由",但是真正的管理包含了:

★ 简单。

★ 愿意。

★ 使人在真理上自由。

★ 目的管理。

★ 高效能管理。

★ 贡献。

★ 多层面。

★ 实践。

★ 成果与绩效。

★ 核心价值。

★ 培育接班人。

★ 爱与关怀。

★ 坚实,忠诚的信仰。

正因为懂得德鲁克式管理的人非常少,更别说懂得富勒博士,因此这些遵照德鲁克所言的人,个个都是领域中的顶尖人物。

这些人每分每秒进行最有生产力的事,造福千万民众,从事热爱的工作,拥有坚强的梦幻团队,聚焦于贡献的同时也能赚进财富,过着简单而自由的人生。

财富确实是有密码的，之前我们谈到"精神层面"的密码，接下来我们要谈的是"实务层面"的密码。

这就是全新显学——"富拉克式管理学"的财富密码。

管理你的健康

对我们来说，健康分成三个层面：身体健康、脑袋健康和口袋健康。尽管这三者都很重要，但如果要为这三者排个优先级，或许"心灵加上身体健康"是最首要的。

在台湾，2016年每5分6秒就有一个人得癌症，每分钟都有人因健康不佳而丧命，这些人无论是政商名流、红顶艺人，或是老百姓，在死亡之前人人平等。而且大部分成因是心理压力所致。

航海王哥尔·罗杰因为得了不治之症，因此才决定向世界政府自首。西尔尔克医生也是得了不治之症，才决定用最后的生命来宣扬他的信念。就连娜美也差点因为猛烈的热病而丧命。

这些人无论是航海王、庸医，还是美少女航海士，在失去身体健康的同时，他们的"身外之物"也跟着失去，无论是头衔、美貌、技能还是名利地位。

苹果创办人史蒂夫·乔布斯在人生的巅峰因癌症去世。

邓丽君、李小龙、迈克尔·杰克逊在演艺生涯的顶点因病去世。

亚历山大大帝、成吉思汗、秦始皇，也在坐拥极大权柄时因病去世。

也许是因病而逝的人太多，造成我们感官麻痹，结果却忘记"自己可能就是下一个"的事实。

意外和明天，到底哪一个先到？

正因为如此，人的品格和知识才如此重要。

第十三章
管理好你自己

如果一个人品格不佳，那他的团队所产出的食物，自然会有大量的塑化剂、毒淀粉、食品添加物。

我们都知道不要给人吃毒品，但这世上就是有人可以为了自己的利益，做出人神共愤的事情。

如果一个人的知识不够，自然不知道自己吃进去、喝进去的东西是好是坏。

如果你花多一点时间去想：这世上喝牛奶、吃肉食的人这么多，那我们吃进去的到底是什么东西？

当你知道一只鲜嫩多汁的烤全鸡，其实从出生到被屠宰，有可能只花了不到四十天的时间，中间不知道被打了多少药剂，你会不会更在意自己吃进的食物健不健康？

就连"食品添加剂之神"安部司起初都认为，他是在协助厂商用最低的成本产生最高的产值，却发现他三岁的女儿也在抢着吃他协助厂商做出来的人工肉丸子，这才发现自己根本不希望家人吃到这些东西。

读食品加工系会很不开心，因为他们太清楚外面的食品是怎么加工的，外面的东西到底有多少还是健康的。

也许我们在健康方面的学识，可能连一位食品营养系的大一学生都不如，但我们希望自己在实务方面能忠于我们所知道的学识。这也是德鲁克强调的"实务"精神。所以我们非常注重伙伴及客户身体心灵的健康。健康的食物不但能带来健康的身体，也可以带来健康的大脑，进而让口袋饱满健康。

因此我们公司备有高品质的干净矿泉水，让那些与我们公司接触的学员及客户都能喝到好水；我们用的食材是天然有机蔬果，并且无论碗盘还是食材都用过滤水来清洗，烹饪的方式是德国的低温烹调技术，既保留食物的原味，又不会让营养流失；我们的咖啡不加牛奶，加的是自己现磨的豆浆，而且用的是非基因改造的有机黄豆。

很认真，很坚持的噢！

我们有时免费供应，有时用低于市价的价格出售，提供物超所值的交换，因为我们知道这些东西其实"高贵不贵"，而我们真正的营利项目并非健康的饮食，我们也不是这方面领域的权威，单纯只是"因为我们吃健康的食物，喜爱健康的灵魂所以顺便推广"。

期待你与我们接触而变得身体健壮、刚强，好食物可以让你的细胞"翩翩起舞"。这是很神奇的事，只有亲身经历才会了解到有多不可思议。

有很多客户朋友很喜欢邀请我吃饭，在台北我通常会婉拒，因为我还是习惯家人准备的食物，也在意这场聚餐是否有效能和贡献度、是否流于应酬之外，我对"让客户花钱消费不健康的食物"这件事兴致缺缺。这也成了我们在信义区持有两间店面的原因之一，一开始的动机是在于"自己想吃健康的食物，顺便推广健康新概念"。

现在请你检视你平常所吃的食物，这些食物可能的来源为何？ 可能加了什么添加剂吗？可能对你的身体产生什么影响？你吃的食物健康吗？你的细胞开心吗？细细品尝食物，食物也会用能量回应你。

身心灵都健康，是我们公司的核心价值之一。

健康的灵、魂、体可以带来高效能的表现和热情十足的生命力，带来丰沛的创意，产生更优质的服务。

如果你想要致富，起码要保持身体健康的基本能量。

"留得青山在，不怕没柴烧"，但许多人似乎把"烧尽自家的亚马逊森林"当成"努力工作"的基本表现。

你需要"更聪明地工作",拼命工作会提早见上帝。

"更聪明地工作",表示你要用身体健康的方式、效能更高的方式来产生绩效,这也是你能成为亿万富翁的基本需求。

如果你想建立一个梦幻团队,你的伙伴就要很注重彼此的健康,最起码要有人坚守"身体健康"的准则。所以路飞的海贼团中,有注重伙伴营养摄取的厨师香吉士,有致力于提升医术的船医乔巴,也有能让伙伴保持身心愉悦的音乐家布鲁克。

现在请你想想,你的团队中有没有人是"身体健康"的忠实信徒?如果有,你要怎么让这位伙伴发扬他的信念?如果没有,你要怎么让你的团队保持健康?或者增加这样的伙伴?

_____

_____

管理你的高效能习惯

在注重身体健康的同时,你也要注重脑袋里的健康。健康的思想会产生高效能的行为,不断地重复高效能的行为,就会产生高效能的习惯。参考我们整理健康赚钱的四个高效能习惯:

1.问自己能够贡献什么,给予什么

如果你在前面的章节找到了自己的优势领域,接下来就要找到一个你能切入的市场。找到自己专属的利基市场是非常重要的,这攸关你行动后是不是真的能够成功。

像我当年卖房子时,老板帮我找出个人特色,并且建议我用个人风格切入市场一样,你把你的过去、资历、个人特色、优势领域都找出来之后,请试着思考,你能够提供什么样的服务给你的客户?

无论你是决定用什么杠杆致富，你的上司、下属、老板、顾客等，都可以算是客户的一种，而客户又分为主要客户与支持客户两种。

彼得·德鲁克曾提到，现代的企业家总是想要创造财富，但致富真正的密码是"不要创造财富，而是要创造顾客"，这才是一个企业家或资本家获利的真正根本。

不要怀疑，身处知识经济时代，无论你是上班族、创业家、投资者，都是资本家，因为你所拥有的知识，就是你的创业资本。

彼得·德鲁克曾在其自传体小说《旁观者》中提及一位前辈——巴克敏斯特·富勒先生，我们通常都称他为富勒博士，彼得·德鲁克甚至称他为"旷野中的先知"。因为富勒博士不仅是一个建筑师，由于其对大自然观察入微的洞察，他整理出许多后代在科学、自然、医学、物理、化学等基础上，都能使用其理论，甚至连致富的法则中，都能找到其所提出的理论。

根据富勒博士的观察，这个世界上有许多力量是我们并不了解，但又需要遵守的。其中一个有关财富的力量叫作"边际效应"，又称"涟漪效应"，在物理上的专有名词是"逆动性"。

简单来说，我们观察大自然，每一个水平方向的力量背后，都会有另一个垂直方向的力量存在。

就像地球绕着太阳转动，虽然地球转动的方向看似是自顾自地向前转，可是有另一个垂直的力量，存在于地球与太阳之间，紧紧地牵制住。

还有像蜜蜂是飞往水平的方向去采蜜，可是同时，有另外一个垂直的力量，让它在进行采蜜这件事时，同时也传递了花粉，造就大自然的生生不息。

就像当你作为家长责骂孩子时，怒气是对着孩子，同时会有另外一个力量，让你的心情不好、今天诸事不顺。

财富也是一样，当我们"拼命地"执着"要"追求财富的同时，总会有另外一个垂直的力量，比如健康、家庭、感情、信仰和价值观。

但如果我们追求的是创造客户，会有另外一个源源不绝的力量，带进丰富的收入。这就是大自然奇妙的地方。

一个"高效能的财富管理者"，会持续关注外界的变动，不会一味地把自己关在工作的牢笼里。

看看路飞，是不是他越贡献所长，越扭转那些他认为不公平之事，他的名声就越响亮，伙伴越多，也越受欢迎？他没有一味地往"伟大的航道"的终点迈进，而是停下来，看看外界的环境，"帮助那些需要他帮助的人"。

你所要关注的范围也很广泛，所有与你接触的客户或潜在客户，都是你需要关注的对象。包括你的工作效能、与合作伙伴和相关工作者的关系、竞争者的各式变动等，都是你要持续关注的对象，并且你还要经常自问："我可以贡献什么，让整件事变得更好？""我还能给予什么？"

你所选择的市场，必须让你能够有所贡献，发挥自己的核心竞争力，创造客户。

知识的力量是被隐藏的，我们所看到的知识，就像浮在水面上的冰山一样，真正要释放力量的是水面下那看不到的巨大冰块。当你不断地问自己能有什么贡献，并且选对优势领域，才能领略知识完全释放的能量。

你的市场就是最能让你发挥贡献的地方，是能让你展现热情的地方，是能让你赚到钱的地方。

当你把所有条件都列出来之后，或许会发现你现在找不到适合你的市场，但你可以去创造它。

彼得·德鲁克说过："预测未来最好的方法，就是创造它。"若我们想要致富、想要赚钱，就要去开创自己的市场，只有当你去开创自己的市场，未来才会掌握在你的手里。

在你问自己的贡献是什么的时候，你还可以问："谁会愿意善用我的贡献，并且愿意支付合理的价钱？"

当你开始聚焦在这些问题上，就已经启动了基本的赚钱机制，可以无限重复组合自己的创意、专长、热情与能力，接下来你会发现，原来自己的潜能这么大，过去的经历、经验可以产生这么多种不一样的收入组合，接下来的，就只是你有没有勇气去实践它。

知识经济的时代也有一个特色，如果你想要认识一些所谓的"优质人脉"，那么你更应该专注在自己的贡献上。

当你发现自己聚焦在贡献上，很多很好的人脉就会被你吸引过来。

如果自己不够优质，顶尖的优质人脉要怎么使用？

2006年我回到台湾，要办理一个5000人次的大型演讲活动。当时的我没有资源、没有人脉，所有的一切从零开始。可是我很清楚办这场活动的目的，是为了扩大更多人的视野格局，让更多人接触国际级的知识经济水平，开启台湾知识经济，不仅仅是办培训卖课程。

当我明确这一目的之后，很多奇妙的事情也接二连三地发生：买了回台湾的第一套房子，认识许多媒体界的高阶主管，与许多大企业与品牌有合作或联结……

这就是前面提到的"边际效应"的强大效果。

你永远不会知道当你专注在对社会、他人、组织有贡献的时候，"边际效应"会带你去哪里，你也永远不会知道当你设定了一个目标，"边际效应"会如何带你去完成。

这是存在自然、宇宙、财富里的奇妙力量。

认真地祷告，接着计划你的"边际效应"吧！很多人以为"聚焦于贡献"这件事很简单，其实并不容易。

当利益冲突时，我们很容易放弃自己的原则，但这也同时是我们需要不断训练自己的地方，唯有我们更专注地聚焦在贡献，赚钱的效能才会大大提升。

教会的牧师常常提醒我们，要多为厂商、为客户祷告，祷告可以让我们平安、喜乐，聚焦于对客户的贡献。

根据你的分析组合，写下自己可以贡献什么？

_____

_____

再写下你可以用什么工具创造财富？谁会需要你的贡献或工具？

_____

_____

2.时间分配

相对浩瀚的宇宙、时间的长河而言，人类的存在实在太渺小了，所以德鲁克说时间是不存在的。时间之所以存在，是因为人类对它下了定义。而当人类做出贡献，永恒就会存在。

时间是无法被管理的，它只能被分配。我们能管理的只有自己大脑的思想，借由良善思想产生的良善行为，对社会做出贡献或者给予服务。

当你设定好目标、组合了自己无数种能致富的途径，接下来谈的是你时间分配的效能。

彼得·德鲁克不只一次强调时间的稀有性。每个人的生命都是有限的，人生里除了赚钱，还有很多很重要的事，不需要把太多时间全部拿来赚钱。

你应该做的是提高时间运用的效能。

记得：只有永恒存在。一定有一些事情是你做得比其他人更好，并且可以产出更高绩效的。就拿自己来说，有些事的确做得比许多人都好。例如在营销与销售方面，与媒体整合与合作的能力，还有跨行业合作的模式，都是我非常擅长的。因此在组织里可以专门从事与人谈判、跨行业合作、媒体合作的部分，通常这也占公司营业额与打造知名度的最大部分，这就是我最有效能的地方。

以个人来说，房地产是我过去累积三十几年的经验。我已经看过无数的房子和地段，对于每一个对象的判断与应有的价值，自然比较熟悉。再加上会演讲，有很多学生，有很多子弟兵，如果要让一个项目赚到钱，自然可以得到更多的营销模式来进行。

如果我让自己去卖房子、卖保险、卖其他商品，一样可以赚到大钱，可是产生的效能就不会这么大，要很清楚自己的专业领域。

你也可以找到自己最有效能的赚钱方式。

我有一个学生，本身是工程师，因为对知识的分享有兴趣，加上对房地产也略有涉略，于是，就开始分享房地产经营的课程。

来上课的每个人都有规定的功课：一个月最少看20套房，根据自己住的区域去研究。他们总共有10个人，一个月下来，等于每个人都看了200套房子，当他们选定最适合的目标物之后，会一起去看这套房子，然后再一起研究投资方向，分别按自己的专长去进行不一样的任务。

有的人开始与银行交涉，有的与中介联系，有一个比较有经验的人，专门负责与屋主和中介谈判。

在我看来，他们组成了一个非常强的团队，并且是《第五项修炼》的作者彼得·圣吉所提出的学习性组织。他们充分发挥每个人的优势领域，用集体的力量打造了财富，发挥了一加一大于二的效果。

当然他们做了最聪明的一件事，就是请我当他们的教练。虽然他们每个月的顾问费所费不赀，但比起房地产的收入，可说是九牛一毛罢了。

我们会在之后的作品中更详细地探讨教练的重要性。

另外一个例子是，我们有个学员是会计出身，近30年的社会经验累积了丰富的人脉与资源。

他就像一般退休的上班族，有一小笔退休金，可是也几乎被儿女花了大半，因此对未来仍充满不确定感，急于寻找第二事业。

他后来想他学的是会计，对于所有上市公司的财务报表花招都略知一二，但他已不想再重回大公司卖命，于是他收了几个学生，教他们研究财报，时间久了也累积了一点知名度。

有很多人找他成立网站，计划制作成信息平台以广收会员，他现在也在评估中。一旦确定成立网站，将可能产生各种惊人的收益。当然，他也找我当他很重要的营销顾问。

赚钱的效能是可以学习的，很多时候我们做的事、从事的活动，并未与我们的目标紧紧相关，但可以确定的是，选对工具会让你累积财富的时间大为减少，投资报酬率更高。

当你选好致富途径和要进入的领域，你每天工作、赚钱的时间，除以你的收入，就是你每单位小时的产能。

但不要只关注这个数字，因为万事起头难，很多事都有酝酿期，尤其在创业初期，会有一段时间是看不到钱的。但即使看不到钱，你也要试着把开始累积的资源计算成金钱。

如果你在前一个月谈了3个项目，虽然没有成交，可是你预计这在未来可能会替你产生其他的绩效，这也可以算是效能的其中一项。

同时，你也必须制订计划，多久时间达到设定的目标，要达到设定的目标，每月、每周、每日应该完成的目标是什么？

举例来说，如果你是一个健身器材业务员，希望3个月内赚到50万，你所销售的产品，每一件售价是10万元，每卖一件你可以得到2万元的奖金。

因此，3个月内，你就必须卖出25台机器，平均一个月要卖8台，一周要卖出2台。

你估计你每拜访20个客户，会有一个跟你买，因此，3个月内，你必须拜访500个客户，一个月拜访160个客户，一天就要拜访6个人。

以上只是很简单的数学计算，关键在于你拜访这6个人时，就要找出最有效能的方式。例如，与其他人合作、一次找到100个人的群体等。

要赚钱，最大的诀窍在于要有效能地工作。你要找到几个方法，可以让你用最少的时间，创造出最大绩效。

很多人觉得自己每天都很忙，可是为什么收入、营业额依然不见起色？

还有人觉得自己都已经忙成这样了，为什么事情还是做不完？

其实真正的原因，是因为你根本不清楚你到底在忙什么。

很多人掉了100元会心疼，弄丢了1000元更是哇哇大叫。

有些妈妈们发现冰箱里的菜有些坏了，还会想办法把烂的部分切去再来煮，因为"舍不得"或觉得"好浪费"。

可是时间与健康是比这些资源更珍贵的东西，失去了就找不回来，赚不到、借不到，也没有保存期限，过了就是过了，你无法从别人那里去抢、去偷，但我们却都曾经大笔大笔地浪费这项无形的资产。

试想，如果你每一分钟价值30000元，你还会如此奢侈地花费它吗？你应该会比珍惜1000元更视之如珍宝吧？

所以你的首要之务，就是记录你每天的"时间花费"。

你可以采用小时为单位，记录你一天24小时如何分配时间，做了哪些事？

当你认真地记录一个月，就会发现平时你浪费多少时间在没有意义、没有生产力又无法致富的事情上。

刚开始我也觉得自己是一个高效能的人，一直到开始研究德鲁克的管理模式，记录分配时间。

每隔一个钟头，要写下刚刚做了什么事，记录一段时间后我发现，我常常无意识地浪费了时间。

我发现自己一个礼拜当中会有好几个小时在找重要文件，例如身份证、信用卡、社保卡等；浏览网络的时间，竟然一天超过4个小时；还有很多时间是用在完全不具生产力，或是会降低效能的事情，例如边吃饭边看书，或边吃饭边看计算机。

那么，怎么改变？

第一，把所有的事情分为四类，分别是"重要又紧急""重要不紧急""紧急不重要""不紧急不重要"，并用四种符号代表，然后在时间记录表后面标上记号。

第二，用荧光笔把有生产力、有绩效或是有收入的事项圈出来。完成之后，就可以很清楚地知道，自己每天花费在真正有生产力的事情的时间并不够多。

如果想具备高效能，我们强力建议，你应该至少记录时间3~6个月，如此一来，会比只记录一个礼拜或一个月看得更清楚，你到底把时间花在哪里？

第三，系统化地分配时间。

如果你是创业家、老板，很多时候你会经常觉得：哎呀！不行，这件事要我做、那件事要我做……

你觉得很多事情都需要你来做，但事实是很多事情根本不需要你做。你要问自己——

★ 如果我不做这些事，会有什么影响？

★ 我可以找谁代劳帮我做这些事？

当你问自己这两个问题，其实，你也在督促自己培养下一个接班人。

许多企业或老板无法赚到时间，或是无法更有效率地赚钱，是因为不愿意充分授权，不信任别人一样可以完成这些事情，所以事必躬亲。但每个人的时间都是有限的，当你花太多时间处理这些与生产力无直接关联的事物，就会造成绩效无法提升，也没有时间培育接班人，到最后自己就会很辛苦，无论他的企业规模有多大。

第四，你要开始为你的致富目标制订**"每日七件事"**。

完成一个目标有许多方法，你已经在前面做出了选择，现在你要开始在前一天睡前，归纳出隔天要做的七件事。

这七件事必须跟你的目标息息相关，并且能够产生效能。

很多人无法完成目标，是因为有太多推托的借口跟理由。但是当你把每天一定要做的事情列出来，无论风吹雨打、日晒雨淋都坚持完成，你离目标就会越来越近。

以之前的健身机业务员为例，他的目标是达成三个月收入50万元，每天的目标是拜访6个客户，这是他一定要做到的事。加上他要打电话联络明天与后天要拜访的客户，打电话就变成他第二件事。当然他也可能需要拜访老客户、持续关心客户的使用状况，所以售后服务也是他需要进行的。

当他把每天要做的事情列出来，就变得有条理，并且临危不乱，使得整体效能大大提升。

有时候，我们会遇到一些突发状况，迫使我们暂停手上的重要工作。无论状况多突然，都请优先判断它的轻重缓急。如果这件事的等级是属于重要又紧急，那么请立刻去执行；如果属于重要不紧急就可以缓一缓。（但是记得：是重要的事噢！）

你处理事情的顺序应该是：**重要又紧急→重要不紧急→紧急不重要→不重要不紧急。最后，期待事情都变成"重要但不紧急"了。**

（1）现在请你花三个月的时间，记录自己每天在做哪些事。

如果觉得太困难，可以先从记录一个礼拜开始。

（2）接着分析自己每天到底把时间花在哪里？

标上重要又紧急、重要不紧急、紧急不重要、不紧急不重要的图标，并把真正有生产力的事情框出来。

（3）写下改变哪些生活习惯、不做哪些事，可以大大提升自己的绩效与时间运用效能。

以我为例，就是把东西物归原位，或是请人协助他建立一个有效的整理系统。

_____

_____

（4）写下你真正有生产力的事项。

_____

_____

（5）写下你完全没生产力的事。

_____

_____

我的同事经常看到我坐在位子上发呆，或是在笔记本前面涂鸦。有时举办活动的日期就近在眼前，所有人都忙得一塌胡涂，我却还是在做这些看似"淡定的事"。

"我一天创作出来的绩效，是公司一般人必须花至少一个月创造的成果。"

身为一个知识工作者,你最有效能、最有贡献的事,是"思考"。

成功学之父拿破仑·希尔曾经说过:"思考是最有生产力的事,但思考也是最难的事。"

思考接下来的目标、计划,这场活动的后续可以有什么营销手法?思考如何运用你的天赋才能,在最短的时间内产生最高的产值?这些事都是极具生产力的。

当"草帽海贼团"随着薇薇公主东奔西跑,努力试图阻止即将爆发的王国内乱时,路飞是不是忽然"撒手不干"了?他躺在沙地上,说出最有效能的方案:"这样子真的能阻止这一切吗?""让我们把一切混乱的根源——克洛克达尔,打飞出去。"

路飞知道即使他们阻止了这次内乱,克洛克达尔还是会再度引发更多混乱,而人民还是会天真地把克洛克达尔当英雄来看,被蒙在鼓里而不自知。唯有直接把大坏蛋揪出来狠狠教训一顿,这才是最有效能的方法,而他的提案也充分发挥他们团队最擅长的项目:战斗。

因此,每当你混乱的时候,记得停下来思考、判断,找出那个"一网打尽"所有目标的关键目标,而不是随着环境盲目起舞,这会帮助你在致富的路上,更加顺遂、更有效能。

3.善用他人长才

如果你要有效能地致富,就要学习善用别人的长处,也就是组成一个团队。

团队的规模大小、用人应该有一个合理的尺度,否则就会沦为一场灾难。尤其我们中国人是讲人情义理的民族,在处理人的事务上,总是要考虑许多。

看看路飞,他是不是很清楚地知道"我要先找一群好伙伴"?而他的海贼团是不是也很小?但是实力和名气都不亚于那些大规模的海贼团。

有几个原则是我们必须遵守的，因为这会深深影响我们致富的绩效。

与人合作并不是花钱买罪受。如果你想组成一个真正强而有力的创业团队，与人合作是非常重要的一环，因为各人凭绩效做事，你没有多余的成本与支出。但与人合作却也相对地具有风险，因此，判断与评估一个人就变得非常重要。

通常我在与人合作之前，会先选一个小项目进行合作，这样可以测试一个人的实力、价值观、信念，包括这个人的承诺是否做到，发生紧急状况是否会先通知伙伴，对事情是否有整体通盘的了解，还是只是想要获取资源等。有的时候我也会与合作伙伴共同吃一顿饭，看这个人的细节表现，包括餐桌礼仪、是否尊重他人等。

圣经上曾经提到："在小事上忠心。"如果这个人在小事上都无法做好，那么跟他合作就会有极大的风险。

人必须透过小小合作才会越来越清楚一个人的品性与行事风格。（3年不算多，5年勉强可以。）

对我们来说，与人合作有几个条件：

★ 核心价值。

★ 真诚。

★ 用心。

★ 卓越。

★ 成长。

★ 贡献。

★ 信心，信念。

★ 毅力。

★ 专才。

・核心价值

一个人最重要的不是能力，而是他的核心价值。

培养人才、训练人才是我们的强项，所以我们知道能力不足是可以被训练的。但一个人的核心价值根深蒂固地存在于他的心底，不是不能改变，只是会消耗很多时间和精力。加上人的核心价值往往受过去家庭环境、成长背景、过去经验的影响，而这些很难在短时间内被扭转——除非这个人自己有强烈的意愿。

如果团队里有核心价值不一样的声音，就容易出现内斗与内耗。这对致富的效能毫无帮助，还不如另找他人。

无论是企业还是个人，我们都必须观察对方是否有好的核心价值。1000天的考察算是最低标准。

德鲁克说："'价值观'应该是，也永远是最终的检验标准。"如果你要与人合作，核心价值是你最初与最终的检验标准。

・信心信念

信心是最重要的根本。

如果一个人跟你合作的时候，压根不相信你们会成功、不相信你们会一起到达要去的目的地，就很可能会耗损你致富的效能。如果你找的合作伙伴与你有相同的信心信念，这会大大加强你成功的速度。

根据吸引力法则，群体的潜意识力量是非常强大的。

如果"不相信"这件事，那么为什么要做？

犹疑不决对致富有绝对的负面影响，甚至会拖垮你其他的领域。在圣经上，记载懒惰的仆人，绝大部分是"不相信"的人，所以，连仅有的也会被拿走。

・毅力

哈佛教授戴维・贝尔指出"45岁前不要参加同学会"这种有别于一般MBA的思维，我们是非常肯定的。

许多学生毕业后，会被世俗的指标所限制。同学都考到名校研究所，所以我也去考名校研究所；同学都去应征公务员，所以我也去应征公务员；同学都进入百大企业，所以我也想进入百大企业……

太多世俗的指标让年轻学子流于庸俗与安逸，而无法成就伟大的梦想。当我们参加同学会，因为同侪之间总会互相比较，而那些还未完成伟大梦想的人，可能正处于人生的低潮，看到同届的同学有了各自的成就，于是很容易就会放弃梦想，但往往梦想越宏大，所需的酝酿期自然就越长。

因此毅力是很重要的，而且也需要被测试的。在45岁前，胸怀伟大梦想的人，很容易被某些同学因为在不同领域、或是走歪路、或是走快捷方式而拥有一定成就的光环所迷惑，进而放弃一切。

例如王品集团董事长戴胜益先生，在创立王品前，就拥有创业失败9次的辉煌纪录。

所以信心和毅力是分等级，也需要被考验的。

・专才

专才是最后一个我们必须慎重考虑的。

彼得・德鲁克在《高效能的五个习惯》里谈到："你必须着眼于这个人能够做什么？"

意思是你合作的对象必须与你真正的需求符合，也就是他能为你的团队带来贡献，同时你提供的合作机会也能造福他，这样你们彼此之间才有合作的价值。

以上部分已经牵涉建立创业团队的议题，我们会在之后的作品中更详细地描述。

但成立团队、与人合作确实是减少致富所需时间的关键。看看中外历史、文创作品或是现代社会中，那些拥有伟大成就的人，其实都在与人合作。

请写下你跟哪些人合作，可以发挥你致富的最大效能？并且他能为你带来什么贡献？你能为他带来什么贡献？

_____

_____

4.做最重要的事

要打造有效能的致富模式，你只能做最重要的事，也就是"专注"。

彼得·德鲁克提到："高效能的人都会先做最重要的事，而且一次只做一件事。"

如果你做了某件事，就可以提高八成以上的收入，那么你最应该做且不断持续做的，就是这件事。在你的众多计划里，一定有这样的一件事，让你做了之后可以提高八成以上的收入，而这件事只花你两成的时间就可以轻易达成，只是你有没有认真去把它找出来而已。

曾经有一段时间，我浪费了很多时间在公司的空转上。

我是业务出身的，所以拼命地训练学员的业务能力，希望教会他们怎么成交、如何销售，做知识产业是训练人才，也是一样从害羞的孩子变成业务高手，没有理由我会的这些东西，其他人学不会。

直到我看了彼得·德鲁克的书，才赫然发现自己掉入了管理者的迷思：以自己心理优先级作为时间与任务分配的考虑，而不是以对组织最好的事作为分配的考虑。

于是我改变策略，开始大量与其他已经累积一定资源的人合作，包括媒体、企业、出版社等，依每个人的能力，去处理每个人最擅长的事。

我还是持续地训练学员，因为教育训练是一家公司在未来是否有竞争力的关键，也是一家公司的根本，只是我不会再有错误的期待。

对此，可以采取更有效能的做法：前辈教后辈。

如此一来，我不仅节省自己的时间，也能更专注在有生产力的谈判上。

现在请你写下你做了之后，能产生八成以上绩效的事情是什么？

_____

_____

德鲁克认为，每分每秒做最有生产力的事是"高效能"，而你最有生产力的事是什么？为什么？

_____

_____

管理你的行动

"行动管理"绝对是你能否致富的重要一环。

当你在先前几章，把你的大目标，分为中目标、小目标，并列下"每日七件事"后，每天、每周、每月，你都要检视自己完成的进度。

每天晚上睡前，躺在床上，拿出今天该做的事。若发现有些事情没做完，就要开始检讨：

★ 我今天的时间分配出了什么问题？

★ 为什么这些事情没有做完？

★ 没做完的这些事对我的致富计划会产生什么样的影响？

★ 我没做完是因为心理排斥这些事吗？

★ 我为什么会排斥做这些事？

★ 我要如何突破心理障碍？哪里可以做得更好？学到什么？

你没有完成每日七件事的原因可能有上千上百种，但仔细分析下来，不外乎两大主因：

★ 时间管理没做好，没有时间可以分配。

★ 心理不愿意，自我管理方面出了问题。

时间管理出现危机，可能是因为你的核心伙伴、团队或临时杀出了一个程咬金，让你不得不放下手边的工作先来解决。

但请记得，无论在什么情况下，都必须立即判断这件事的轻重缓急与是否可以找人代劳。因为你的时间是极其有限的。

我们华人非常讲究关系，有些人你非得亲自接见，有些问题你非得亲自化解，如果这个人专注贡献、热爱生命，可以帮助你的计划大跃进并产生贡献的，那么就见他吧！如果不会，那么就为他祷告吧！看看他事后的反应，再来判断他的价值观与真实性。

另外一部分，则是我们的心理障碍。

例如，你本来今天应该打一通电话给一个老板，可是听说这个老板的脾气很大、个性很怪，所以你拿起电话又放下，一直在思索到底应该怎么打这通电话比较合适。结果你想了很久，还是没有结论。后来你的其他伙伴请你帮忙其他事，这通电话就没打了。

在致富的过程中，"心理素质"会是我们致胜的关键之一。

我们会害怕、犹疑，不敢做某些事，不敢主动跟某些人攀谈，很多时候是源自于我们内在的恐惧，或者懒惰。我们害怕被拒绝，害怕受伤，因为过去我们可能曾经被拒绝、被伤害。

当你遇到这种状况，你就要回去找出自己必须致富的理由，找出那个当初让你大胆行动的原因：可能是为了重病而需要医药费的母亲，可能是因为离婚需要抚养孩子，也可能是为了认养其他更多需要帮助的孩子们……

如果你因为内心的害怕，却造成你未来不愿意看到的后果，你还会犹豫吗？

当你重新找到力量，请继续勇敢地行动。

你不一定要等到睡前检讨才发现这些事实，有时在你要做这些事的一刹那，你会感觉到内心的挣扎。这个时候，你就要练习立即调整自己的心理状态。

有一些小技巧可以克服你的恐惧，比如"在恐惧之前先行动"，以路飞为例，他是那种在思考之前就展开行动的人，所以他甚至连感到恐惧的机会都没有，就直接挑战恶势力。而骗人布则是相反的人物，他习惯先恐惧再说，所以他的行动就需要强烈的外在因素来刺激。

另一个小技巧，则是你可以先做你最害怕的事，这么做可以帮助你强迫自己面对恐惧，你在行动的过程中，可以了解到其实这件事根本没什么好怕的。

致富的过程，本来就是一场磨炼，训练我们的心智，陶冶我们的性情，培养情绪管理的能力，面对挫折的容忍力，培养真正的价值观……

如果你不打算经历这些，一切都只是"纸上谈兵"，致富不会忽然发生在你身上，它会等你受尽挫折、失望、沮丧，到达人生谷底，认真思考自己到底有什么地方做得不够好时，才会翩然降临。

我在35岁生意失败之前，是个意气风发的年轻人，根本不把钱放在眼里。因为我觉得：开什么玩笑？这些钱都是我用汗水、时间辛苦累积来的，是我自己赚的！

我眼中没有别人，也忘记自己最初是用朴实的心感动客户的。在累积财富的这段路途中，也曾碰过一些困难与挑战，有的人会劝我："小黄，你应该谦虚一点，个性、脾气不要这么大，不要这么自负，你的生意会进行得更顺利。"

当时的我心想：你懂什么？大不了从头再来过就好了。我又不是没本事。

奇妙的是，如果世界上有神，它不会在你还有能力的时候教训你，只会给你一些忠告。

如果你不愿意面对这些财富法则，那么有一天，当你历经人生谷底的时候，才会认真体会当初神给你的这些忠告，是多么的有智慧。

我是到35岁失败那年，患有胃溃疡、十二指肠溃疡，公司破产，个人负债累累，女朋友还跟人家跑了，才彻底觉悟，那些我不愿意面对的内心世界，其实对自己的杀伤力有多大。

你不愿意面对的恐惧也是一样，你不敢打的电话、不愿意面对的人，无时无刻不在进入你的潜意识，提醒你你最害怕的事。

自以为是、目中无人，是小时候自卑所延伸出的自大。我不懂、不愿意面对，也不知道要修正，所以才会有后来的结果。

在行动的过程中，你会发现脑袋里出现很多质疑的声音，可能是怀疑，可能是害怕，但请记住：这些都是好事，因为你已经慢慢找出你还无法致富的真正根源。

这些根源根深蒂固地存在你的思想里，你的根部出了问题，无怪乎无法致富。

面对这种情况，你可以找一段时间坐下来，写下自己对于致富的限制性信念。例如：赚钱好辛苦、钱难赚、有钱人都黑心、我赚不了钱、这么难我做不到……

你会惊讶地发现，怎么自己都没有发现这些深埋在心底的小小声音？但这些声音却像小恶魔一样，不断打击你的自信！

如果你上过某些课程，有些时候，你在行动之前就可以发现这些小恶魔。恭喜你！！

可是更多时候，唯有当你开始行动、碰到困难，你才会发现这些小恶魔是如何在日常生活中干扰你，导致你无法致富的。

这个时候，是你与这些小恶魔真正开始"肉搏战"的时候了。成功跨越了，未来就是你的；认输了，你就被这些声音羁绊一生。

当你发现这些小恶魔，并且写下它们之后，请你把它们转化成"小天使"。小天使的意思是：你要把它们变成可以鼓励你的声音。请记得，文字就代表力量。

例如，如果你写"赚钱好辛苦"，你要把它划掉，在后面写"赚钱可以好轻松"；如果你写"这么难，我做不到"，你就要改成"找对方法、找对人、我一定做得到"，然后不断重复对自己诉说这样的小天使信念。

现在，请把你内心里的"小天使"找出来，越多越好。每当你感到不顺利的时候，就请念出这些"小天使"。

另一个方法，则是"高峰体验移植法"。

在你的一生当中，你一定做过一些令你觉得非常光荣喜乐的事，请让这些"高峰体验"持续留在你的心里。

你可以坐下来，想象整个过程，轻轻地握拳，并且对自己说一声：yes。

以后，当你碰到困难时，就放松下来，"想象"这些"高峰体验"，并再度握拳对自己轻轻说声"yes"，为自己下一个正面的"心锚"。

这是个非常有效的方法。这么做的用意，是为了让你学会热爱挑战，不怕困难。

我曾经在面临人生谷底努力翻身的时候，用这个方法，改变当时的很多负面信念。

当时的我面临事业上的很大挑战，组织本来有上万人，却被公司的政策搞得无所适从，产品价格变得十分紊乱，原本信念坚强的我，甚至开始想：这样做真的可以吗？对吗？还做吗？

最后，我决定相信"发生任何事都是好事"。

或许这是要转换跑道的提醒。于是，从那时起，我对教育训练领域更加认真地投入。

对"高峰体验"的想象变成了一种习惯，我还是会想：我对教育训练是门外汉，我真的做得到吗？这时，我就想象自己的高峰体验：我二十出头可以在台北市不用贷款就买一间房子、可以在短短三年时间从负债到"退休"，还有什么事可以难倒我？何况我现在还有上帝？！

从此之后，我开始了引领知识经济产业的生涯，并吸引了一群优质的年轻人和合作伙伴，也才有今天你手上的这本书。

现在请你写下你过往的"高峰体验"，然后铭记在心，也许是你小学时得到的一张画画奖状，也许是你演出一场精彩的表演，也许是他人的一句鼓励或赞美。无论这个成就多微不足道，只要当时你感到被激励、感到热血沸腾的，都把它列出来，越多越好。

管理你的影响力

每个人在他一生的生活中，或多或少都有对他人的影响力。

只是这些影响力是让人向上提升或者向下沉沦？是正面积极，还是负面恐惧？是让人喜乐平安，或是忐忑不安？或光明？是爱？

影响力是累积来的，同意吗？你有曾经认真的坐下来思考，我的影响力表现出来是给人什么样的感觉？为什么会是这样的感受？在台湾2300万人口，政府登记从事直销产业登记扣除重复两家以上的人占了10%~15%，也就是说将近2000万人口，是对直销不能接受的，扣除小孩、老人，或者身心不宜的人，应该至少还可以找到300万人以上，你可以影响他们的人。

可是为什么很少人会思考，如何影响这一群人的决定？我很认同直销这个产业，因为我也是因为这个产业导师的教导与实践，才能走到今天，拥有今天的影响力，我真的很感谢这个产业的存在，同时，也对这个产业，有很深很深很深的期待……这明明是一个千夫长，影响带领百夫长，百夫长影响带领什夫长的管理学产业。为什么会演变成谈"直销"就让人"色变"？谈"多层次直销"就好像是"诈欺集团"的延伸？

我想大部分是因为人们不了解正面的"影响力"是需要时间积累的，更不了解财富与影响力的正面关系。当然，正确的"直销致富"领导人带头"示范"，很重要的是我是谁？要去哪里？我现在应该做什么？

为什么是"直销人"？因为这个产业是口耳相传，以身示范的产业，这个产业的从事人员，要很热心、很热情、很爱分享，是"创业"的典范特质。

我很期待直销行业中会出现一群真正创新、卓越、有爱的领导人，把成为别人的典范和祝福当作真正的使命，而不是口号，实践"帮助更多人得胜成功"，也让自己更成功得胜。

我在期待、培养、挖掘这样的领导人。

★你与你的团队愿意被渲练（被启发），也愿意训练（启发）别人！

★你与你的团队有强烈的正面企图心。（You have a dream！）

★你与你的团队有明确的信仰和价值观。

★你与你的团队愿意面对挑战、解决问题。

★你与你的团队愿意把推崇与感谢当成"团队文化"。

★你与你的团队对自己有承诺，有全力以赴的决心！

是你吗？我们可以为这个产业，来一次改变，来一场"创造"吗？未来无法预测，但你可以创造它！

运用真实的渴望和梦想+掌握趋势+良善的核心价值+卓越的团队+证明有效的系统，与你在顶峰相会。

感谢耐心翻阅到此处的你！从事你热爱的工作！磨炼你天生的强项！想出一个大家都能赢的获利模式！你就能创造出很好玩、很酷、又很实用的游戏！祝福你拥有丰盛、富饶、恩典满满的生命！

后记

我们相信能认真看到这篇后记的你,一定付出了很大的心力、耐力与热情,并且对梦想与未来充满了期待。对此,我们要给予热情的掌声。要写完我们设计的功课,不是容易做得到的,显然你已超过一般的限制。

和教学比起来,我们比较倾向自己动手做,因为"百年树人"的事是如此的不容易,却又必须去做。因此我们也希望,能拥有一批受到恩典、受过训练的"战士",和我们一起改善华人的教育训练界——而我们希望你是其中的一分子,和我们一起重新订立"知识经济领域"的某些规则,写下历史的一页,成为别人的典范与祝福。

请你想象一下,你的眼前有两个未来的你:

一个是看书前很心动、看书时很感动、看完书却一动也不动的你,三年后,你的生活一成不变,你的工作没有改变,你的生命、生活、生计水平万年不变。

一个是看书前很心动、看书时很感动、看完书马上行动的你,你的行动力促使你改变你的生命质量,即使每天只进步一点点也好,这样你就知道这个一点点的差距累积之后的距离。

你也想不断往前迈进,随着你学到的越来越多,你也越来越清楚自己的未来是什么画面,进而创造自己光明璀璨的未来!

21世纪唯一不变的真理就是"变",我们不敢保证你在本书得到的任何优惠，会在什么时候产生"变"，但可以肯定的是：只有行动力强、持续和我们保持联系的学员，未来才会越变越好，因为"执行力大于意志力"。

如果你真诚地想要改变你的生命、生活、生计水平，现在就与我们联络，我们将和你分享我们的成长与改变！现在！立刻！马上！

Just do it！

成资国际祝您平安、喜乐